CLARA ROJAS

Ich überlebte für meinen Sohn

Clara Rojas

Ich überlebte für meinen Sohn

Aus dem Spanischen
von Stephan Gebauer

blanvalet

Die Originalausgabe erschien 2009 unter dem Titel
»Captive. Otage des FARC, elle accouche au cœur de l'enfer«
bei Éditions Plon S.A., Paris.

Mein ausdrücklicher Dank gilt Isabel García-Zarza,
die mir bei der Bearbeitung dieses Buches eine
außerordentliche Hilfe war.
CR

FSC
Mix
Produktgruppe aus vorbildlich
bewirtschafteten Wäldern und
anderen kontrollierten Herkünften

Zert.-Nr. SGS-COC-1940
www.fsc.org
© 1996 Forest Stewardship Council

Verlagsgruppe Random House FSC-DEU-0100
Das für diese Buch verwendete FSC-zertifizierte Papier
Munken Premium liefert Arctic Paper Munkedals AB, Schweden.

1. Auflage

Satz: DTP im Verlag, JR
Druck und Bindung: GGP Media GmbH, Pößneck
Printed in Germany
ISBN: 978-3-7645-0337-6

www.blanvalet.de

Inhalt

Wieder in Freiheit

Dienstag, 22. Juli 2008.
Seit fast sechs Monaten bin ich nun frei. Und noch immer habe ich hin und wieder das Gefühl, in einem Traum zu leben. Ich erwache jeden Morgen mit dem Singen der Vögel und blicke aus dem Fenster meines Zimmers auf die Berge. In der Hochebene von Bogotá, wo ich lebe, ist die Luft kühl. Es vergeht kein Morgen, an dem ich nicht als Erstes Gott dafür danke, dass ich am Leben bin. Ich danke ihm für den Segen, wieder bei meiner Mutter, meinem Sohn Emmanuel, meiner Familie und meinen Freunden sein zu dürfen, bei den Menschen, die ich am meisten liebe. Ich bin glücklich, dass die Verschleppung und die Gefangenschaft heute nur noch Erinnerung sind. Und jetzt, da ich endlich wieder ein normales Leben führen kann, umgeben von meinen Lieben, die mir ihre Zuneigung schenken, scheint es mir unglaublich, dass ich mich noch vor kurzer Zeit im Dschungel vollkommen vergessen und allein fühlte, während mein Leben sinnlos verstrich.

Oft werde ich gefragt, ob ich mich verändert habe oder ob ich noch derselbe Mensch bin wie vor meiner Entführung. Meine Antwort lautet stets, dass ich eigentlich dieselbe bin wie früher, abgesehen von einer Narbe am Bauch und einer tiefen Wunde in der Seele, die mit den Jahren hoffentlich ebenfalls verheilen wird. Gelegentlich überkommt mich ein Gefühl von Melancholie, aber zum Glück habe ich Emmanuel an meiner Seite. Selbstverständlich wünschte ich, diese sechs Jahre meines Lebens wären mir nicht gestohlen worden. Aber ich habe überlebt und darf meine Geschichte erzählen. Jeder Soldat erzählt, was er im Krieg erlebt hat, und in diesem Krieg bin ich einer von vielen Soldaten.

Dies ist meine Geschichte.

Es ist mir aus mehreren Gründen eine Herzensangelegenheit, meine Erlebnisse zu erzählen: Erstens träume ich seit jeher davon, ein Buch zu schreiben. Ich habe bereits einige wissenschaftliche Artikel und Arbeiten über berufsbezogene Themen veröffentlicht, aber jetzt habe ich die Gelegenheit, mein Herz und meine Seele zu öffnen und in die Welt der Worte vorzudringen, der seit Langem meine Liebe gilt. Sodann schreibe ich meinen Bericht für meinen Sohn und die Generation, der er angehört, denn ich wünsche mir, dass diese Generation eines Tages in einem Land leben wird, in dem es Aussöhnung und Vergebung gibt, in dem Toleranz, Wohlstand und Frieden herrschen. Und schließlich möchte ich den Lesern meine Erlebnisse und Erfahrungen schildern, damit sie verstehen, welche Not ich in den Jahren der Gefangenschaft durchlitten habe. Ich hoffe, dieses Buch wird ihre Herzen bewegen.

Meine Mutter

Mir ist in meinem Leben viel Glück zuteilgeworden, aber eine der größten Segnungen ist zweifellos meine Mutter. Ich danke Gott immer wieder dafür, dass sie da ist mit ihrem maßvollen Wesen, ihrer Beharrlichkeit, ihrer Klugheit, ihrer Kraft und ihrer unerschöpflichen Großherzigkeit.

Es kommt mir vor, als wäre es gestern gewesen, dass ich mich im Dschungel an den Zaun des Pferches klammerte und die Guerilleros unter Tränen anflehte, mich gehen zu lassen. Ich hätte alles dafür gegeben, bei meiner Mutter zu sein. Ich hatte das Gefühl, sie müsse erschöpft sein, von der Sorge um mich zermürbt. Ich befürchtete, sie würde meine Abwesenheit nicht länger ertragen.

An einem Tag Anfang Mai 2006 – es war etwa sechs Uhr abends, und die Dämmerung legte sich bereits über den Wald – tauchte plötzlich der Comandante auf, der für unsere Bewachung verantwortlich war, und ließ alle Geiseln zu sich rufen. Er wandte sich an mich und zeigte mir eine Zeitschrift: »Sehen Sie, da ist Ihre Mama! Damit Sie wissen, dass es ihr gut geht, und endlich aufhören, am Zaun zu rütteln. Sie gehen uns schon auf die Nerven mit Ihrem Theater!« Mit diesen Worten drückte er mir die Zeitschrift *Semana* in die Hand. Auf der Titelseite war ein Bild meiner Mutter abgedruckt. Die Schlagzeile lautete: »Wenn meine Tochter im Dschungel einen Sohn geboren hat, will ich die beiden in die Arme schließen.« Ich flüchtete mich unter das Moskitonetz in meinem Unterschlupf und ließ meinen Tränen freien Lauf. Ich glaube, ich habe mich nicht einmal für die Zeitschrift bedankt. Nach kurzer Zeit tauchte einer meiner Mitgefangenen auf und forderte mich auf, mich mit der Zeitschrift zu beeilen. Die anderen hätten schließlich auch ein Recht darauf. Von einem weiteren Leidensgenossen hörte ich wesentlich unfreundlichere Bemerkungen. Ich konnte nicht verstehen, wie dieser Artikel noch jemand anderen außer mir interessieren konnte. Sie sollten mich in Ruhe lassen; ich wollte mit meiner Mutter allein sein.

Auf dem Foto wirkte sie erschöpft, aber sie war immer noch schön.

Der Mitgefangene, der die Zeitschrift von mir verlangt hatte, beschaffte mir einen kleinen Kerzenstummel und lieh mir seine Brille. Es blieb mir nichts anderes übrig, als den Artikel laut vorzulesen, obwohl der eine oder andere auch dagegen etwas einzuwenden hatte. Einige forderten mich auf, die Stimme zu senken, weil ich sie beim Radiohören störte.

In dem Artikel ging es darum, dass erste Hinweise auf die Existenz meines Sohns aufgetaucht waren. Die vorbehaltlose Großherzigkeit meiner Mutter erfüllte mich mit Freude. »Komme, was wolle«, sagte sie in dem Interview, »ich warte auf sie beide, um sie endlich in die Arme zu schließen.« Und genau das tat sie, als wir uns wiedersahen. Ihres war das erste vertraute Gesicht, das ich am Flughafen von Caracas erblickte, nachdem mich ein Flugzeug in die Freiheit zurückgebracht hatte.* Sie war an meiner Seite, als ich am Tag meiner Rückkehr nach Kolumbien meinen Sohn wiedersah, und sie ist jeden Tag in unserem neuen Leben an unserer Seite.

Ich danke dir, Mamita, ich danke dir dafür, dass du da bist und dass du in den Augenblicken tiefen Leids ein Beispiel der Güte und der Würde gegeben hast.

* Anm. d. Übers.: Clara Rojas wurde im Januar 2008 freigelassen. An den Bemühungen um ihre Freilassung hatte sich der venezolanische Präsident Hugo Chávez beteiligt, der seine guten Beziehungen zu den FARC und zu Kuba nutzte, um diesen medienwirksamen Coup zu landen. Rojas' Befreiung war von Spannungen zwischen den Regierungen Kolumbiens und Venezuelas begleitet. Chávez ließ Rojas zunächst nach Venezuela ausfliegen, um sie in Caracas den Medien zu präsentieren. Von dort aus kehrte Rojas in ihr Heimatland zurück, wo sie ihren Sohn wiedersah, der kurz zuvor von den kolumbianischen Behörden aufgespürt worden war, nachdem er zwei Jahre lang als Findelkind in einem staatlichen Kinderheim gelebt hatte, ohne dass jemand seine wahre Identität gekannt hätte.

Der Tag davor

Freitag, 22. Februar 2002.
Es war etwa elf Uhr vormittags, als ich im Büro der Wahlkampfzentrale eintraf. Ich war vollkommen außer Atem. Alle anderen Teilnehmer der Besprechung waren bereits da, und die Sitzung hatte begonnen. Es hatten sich etwa fünfzehn Personen versammelt, unter ihnen Ingrid Betancourt, die Präsidentschaftskandidatin der Umweltpartei *Partido Verde Oxígeno*, ihr Ehemann, der Sicherheitschef, die Pressereferenten, der Beraterstab und einige Mitarbeiter.

Als ich eintrat, fragte Ingrid: »Wie ist es dir in dem Studio ergangen?«

»Gut«, antwortete ich, »aber sie begann ein wenig verspätet.«

»Du glühst ja richtig«, bemerkte einer der Anwesenden.

Ich musste lachen und antwortete: »Ich habe mich immer noch nicht daran gewöhnt, im Fernsehen zu sprechen.«

Während die Sitzung ihren Lauf nahm, kehrten meine Gedanken immer wieder zu der Debatte zurück, an der ich teilgenommen hatte. Thema der Sendung waren die Menschen gewesen, die durch den Krieg gegen die Guerilla ihre Heimat verloren hatten. Die verschiedenen Parteien hatten je einen Vertreter entsandt, der in einer Diskussionsrunde den Standpunkt seiner politischen Gruppierung erläutert hatte. Als ich meine Aufmerksamkeit wieder der Versammlung widmete, fiel mir auf, dass die Stimmung in der Runde ein wenig angespannt war. Der Grund war die Reise nach San Vicente del Caguán, zu der Ingrid am folgenden Tag aufbrechen würde.

Nachdem die Friedensverhandlungen zwischen der Regierung und den Fuerzas Armadas Revolucionarias de Colombia (FARC) gescheitert waren, hatte Präsident Andrés Pastrana wenige Tage zuvor die neutrale Verhandlungszone aufgehoben, die eingerichtet worden war, um die Gespräche zu ermöglichen.[1] Nun wurde darüber diskutiert, ob es ratsam war, zu diesem Zeitpunkt in die unsichere Region im Süden des Landes zu reisen. Allen Anwesenden war klar, dass es sich um eine riskante Mission handelte, da die Guerilla in dieser Gegend aktiv war. Es fanden sich nur wenige Freiwillige für die Teilnahme an der Reise. Einer von ihnen wies darauf hin, dass der Besuch schon seit einiger Zeit geplant und immer wieder verschoben worden sei, obwohl der Bürgermeister von San Vicente, der der Umweltpartei angehörte, Ingrid gebeten habe, ihm in dieser schwierigen Zeit mit ihrer Anwesenheit den Rücken zu stärken. Wir dachten auch an die Bevölkerung der Stadt; die Reise nach San Vicente würde uns die Möglichkeit eröffnen, den Menschen dort unsere

Vorschläge für die Bewältigung der Krise nahezubringen.

Es wurde hin und her diskutiert, wer die Kandidatin begleiten sollte. Mit Sicherheit dabei wären die Pressereferenten, die Sicherheitsmannschaft sowie zwei französische Journalisten, die an einer Reportage über Ingrids Wahlkampf arbeiteten.

Irgendwann wandte Ingrid sich an mich und fragte: »Clara, würdest du mitkommen?«

Ohne zu zögern, sagte ich: »Selbstverständlich. Wann soll es losgehen?«

Mit dieser Antwort wollte ich deutlich zeigen, dass ich zu unserem Wahlkampf und zur Kandidatin stand. Es schien mir wichtig, die Begeisterung wiederzugewinnen, die uns in den vergangenen Monaten zunehmend abhandengekommen war. Ich glaubte, als Wahlkampfleiterin ein Beispiel von Freundschaft und Loyalität geben zu müssen. Und ich wollte unserer Mannschaft zeigen, dass es in unserer Partei durchaus die Bereitschaft gab, Verantwortung zu übernehmen. Das schien mir nötig angesichts des Aderlasses, den wir in der letzten Zeit erlitten hatten: In der Vorwoche hatten sich mehrere leitende Mitarbeiter aus dem Wahlkampf zurückgezogen, darunter der Finanzchef, der politische Koordinator und eine Senatorin. Und in dieser Sitzung fehlte der Wahlkampfsprecher. Allein aus diesem Grund stimmte ich sogleich zu, an der riskanten Wahlkampfreise teilzunehmen. In den langen Jahren der Gefangenschaft sollte in mir die Überzeugung reifen, dass ich an jenem Tag das

Opfer einer heroischen Illusion geworden war – wenn ich nicht gar eine grobe Dummheit begangen hatte. Fest steht, dass ich zum falschen Zeitpunkt am falschen Ort war.

Der Mitarbeiterstab teilte uns mit, dass wir am nächsten Tag um fünf Uhr morgens am Flughafen El Dorado von Bogotá sein müssten. Ich kehrte zum Mittagessen in meine Bürowohnung zurück, die nur zwei Blocks vom Sitz der Wahlkampfzentrale entfernt lag. Von dort aus rief ich einen meiner Brüder an, um ihm mitzuteilen, dass ich ihn am folgenden Tag nicht zu seinem Landhaus würde begleiten können, da ich mit Ingrid verreisen werde. Er fragte mich, ob es denn unbedingt nötig sei, dass ich an der Reise teilnähme. Ich antwortete ihm, dass ich Ingrid nicht im Stich lassen könne und dass wir dem Bürgermeister von San Vicente und der Bevölkerung unsere Solidarität zeigen müssten.

Er wünschte mir eine gute Reise und neckte mich mit dem Hinweis, dass ich mir ein ausgezeichnetes Essen entgehen ließe. Nachdem ich aufgelegt hatte, wartete ich auf einen Anruf meiner Mutter, die am Abend vielleicht in die Stadt kommen wollte.

Nach dem Mittagessen kehrte ich in die Wahlkampfzentrale zurück, wo ich den Nachmittag verbrachte. Ich musste noch einige Dinge erledigen und verschiedene Aktivitäten für die folgende Woche vorbereiten. Die Reise sollte nur zwei Tage dauern; am Sonntagnachmittag wollten wir wieder in Bogotá sein.

Etwa um achtzehn Uhr ging ich nach Hause. Ich war

gerade zur Tür hereingekommen, als gleichzeitig die Gegensprechanlage und das Telefon klingelten. Unten wartete ein Freund, der mich zum Abendessen abholen wollte, und am Telefon meldete sich der Sicherheitschef, der mir ein Fax schicken wollte, das detaillierte Informationen über die Gefahren enthielt, die mit der bevorstehenden Reise verbunden sein konnten.

Ich rief Ingrid auf dem Mobiltelefon an. Ihr Ehemann nahm das Gespräch an. Sie befanden sich auf einem Geburtstagsfest. Ich erläuterte ihm die Lage. Er äußerte sich nicht dazu, sondern ging Ingrid holen, die erst nach einer Weile ans Telefon kam und sagte: »Clara, wenn du nicht mitkommen willst, dann bleibst du eben hier. Ich werde in jedem Fall reisen.« Ihre Antwort klang ein wenig brüsk.

Ich versuchte, sie zu beruhigen, und wiederholte, was ich ihrem Ehemann bereits erklärt hatte.

Nach einigen Augenblicken der Stille sagte sie: »Ich rufe dich später zurück.«

Vor meiner Haustür wartete noch immer der Freund, mit dem ich zum Abendessen verabredet war. Ich bat ihn heraufzukommen. Ich war zu angespannt, um noch ausgehen zu wollen, und schlug vor, stattdessen etwas zu essen liefern zu lassen, zumal ich am nächsten Morgen sehr früh aufstehen musste.

Kurze Zeit später klingelte erneut das Telefon: Ingrid rief an. Es überraschte mich, dass sie das Fest so rasch verlassen hatte. Nun schlug sie einen versöhnlicheren Ton an: »Sieh mal, Clara, mach dir keine Sorgen. Es wird uns nichts passieren. Morgen früh schicke ich dir einen Wagen, und wir fahren gemeinsam zum Flughafen.«

Ich sagte ihr, dass ich entschlossen sei, sie zu begleiten, bestand aber darauf, dass sie sich die Lageeinschätzung durchlas, die man uns gefaxt hatte.

Als ich aufgelegt hatte, traf das bestellte Essen samt einer gekühlten Flasche eines köstlichen Weißweins ein. Ich entschloss mich, mich zu entspannen und den Abend zu genießen.

Während meiner Gefangenschaft musste ich oft an jenen Abend zurückdenken. Jeder einzelne Augenblick ging mir wieder und wieder durch den Kopf. Vielleicht ist das der Grund dafür, dass die Erinnerung an jenen Tag auch heute noch so lebendig ist. Immer wieder drehen sich meine Gedanken um jenen Freitag im Februar: Wenn ich mir einen Fehler vorwerfen muss, so beging ich ihn an jenem Tag. Ich hätte Ingrid entschlossener entgegentreten sollen, was allerdings nicht leicht gewesen wäre. Ich hätte ihr sagen müssen, dass ich sie nicht begleiten würde. So hätte ich feststellen können, ob sie bereit gewesen wäre, auch allein zu reisen. Vielleicht hätte die Geschichte dann einen anderen Lauf genommen, und wir hätten uns diese leidvolle Erfahrung ersparen können.

Wer etwas von Entscheidungen versteht, der weiß, dass mein Entschluss nicht aus dem Bauch heraus hätte fallen dürfen. Und die Entscheidung für die Reise hätte sich nicht in eine absurde Demonstration des persönlichen Muts verwandeln dürfen. Zwei Frauen, die keinerlei militärische Ausbildung besaßen, machten sich auf, unter den Augen einer irregulären Armee, die das Land seit mehr als vier Jahrzehnten lähmte, einen Ausflug zu unternehmen.

Ich möchte allerdings anmerken, dass wir später in Gefangenschaft größere Entschlossenheit, Disziplin und Beharrlichkeit bewiesen als viele andere Geiseln, unter denen sich auch Angehörige der Streitkräfte und der Polizei befanden. Auch hatten die offiziellen Stellen für unsere Reise nicht die erforderlichen Sicherheitsvorkehrungen getroffen, die anderen Präsidentschaftskandidaten später sehr wohl zugestanden wurden, was sie wohl davor bewahrte, ebenfalls entführt zu werden.

Wir genossen keine derartige Unterstützung, und wir hatten kein Glück. Daher glaube ich, dass ich noch am Leben bin, weil es Gottes Wille war. Deshalb danke ich jeden Morgen, kaum dass ich den ersten wachen Atemzug getan habe, dem Herrn für meine Rettung, denn ich bin mir des Wunders bewusst, dem ich mein Leben verdanke.

Als sich jener Freund am Abend von mir verabschiedete, gab er mir einen Kuss und drückte mich fest an sich. Ich übertreibe nicht, wenn ich sage, dass dies die letzte Geste der Zärtlichkeit und Zuwendung gewesen ist, die mir bis zum Tag meiner Befreiung zuteilwurde.

Die Entführung

Ich stand um vier Uhr morgens auf, sodass mir noch Zeit für eine heiße Dusche blieb. Zwanzig Minuten später war ich reisefertig. Der Fahrer wartete bereits vor der Haustür, und wir fuhren Ingrid abholen. Sie wohnte in einer Duplexwohnung in einem Haus draußen in den Hügeln. Als ich dort eintraf, war sie noch nicht fertig und bat mich hinaufzukommen. Maria, die ihr seit Jahren den Haushalt führte, bot mir frischen Tomatensaft an, der köstlich war.

Während ich wartete, genoss ich in Gesellschaft von Ingrids Labradorhündin den Blick über Bogotá. Es war noch dunkel, und aus dem Wohnzimmerfenster hatte man einen herrlichen Blick auf das Lichtermeer der Hauptstadt.

Plötzlich hörte ich jemanden schreien – es war Ingrids Ehemann, der der Haushälterin vom Obergeschoss aus zubrüllte, sie solle ihm irgendetwas bringen.

Wenig später kam Ingrid herunter. Der Morgen begann zu dämmern; wir hatten noch genug Zeit.

Auf dem Weg zum Flughafen erhielten wir die Bestätigung, dass uns der Bürgermeister und der Pfarrer von San Vicente del Caguán am Nachmittag empfangen würden.

Am Flughafen erwarteten uns der Pressechef und mehrere Kameraleute, die Aufnahmen von unserer Reise machen wollten. Das Flugzeug hob pünktlich ab; es war kurz nach sechs Uhr.

Während des Flugs blätterten wir die Tageszeitungen durch. In der wichtigsten Zeitung des Landes war ein Artikel erschienen, dessen Überschrift lautete: »Massenflucht aus Ingrids Wahlkampfteam. Jetzt ist sie allein.« Tatsächlich hatten sich in den letzten Tagen mehrere Mitarbeiter aus dem Wahlkampf zurückgezogen.

Das Ziel unseres Flugs war Florencia im Bezirk Caquetá im Süden des Landes. Das Flugzeug legte einen Zwischenstopp in Neiva ein, wo wir in der VIP-Lounge eine Pressemitteilung verfassten, in der wir die Öffentlichkeit darüber aufklärten, dass von einer »Massenflucht« keine Rede sein könne und dass das Ausscheiden dieser Personen unseren Wahlkampf nicht beeinträchtigen werde. Die Kandidatin sei keineswegs allein und werde ihre Aktivitäten wie geplant fortsetzen. Nichtsdestotrotz war die Atmosphäre aufgeladen. Wir befanden uns zweifellos nicht in einer allzu vorteilhaften Situation. Mir fiel wieder ein, wie Ingrids Ehemann in seinem Haus herumgeschrien hatte. Auch dort hatte ich eine gewisse Spannung gespürt. Und nun das. Ich fühlte mich verpflichtet, Ingrid zu zeigen, dass ich zu ihr stand.

Der Aufenthalt in Neiva dauerte zwei Stunden. Trotzdem trafen wir bereits um neun Uhr morgens in Florencia ein. Das Sicherheitspersonal des Flughafens nahm uns sehr freundlich in Empfang und geleitete uns in einen abgeschotteten Saal, wo wir erfuhren, dass in Kürze einige Hubschrauber abheben würden, deren Ziel San Vicente del Caguán war. Man bot uns an, einen Teil unserer Mannschaft mitzunehmen.

Die folgenden Stunden schienen sich unendlich hinzuziehen.

Gegen zehn Uhr hörten wir ein Geräusch, das näher kam. Unter dröhnendem Lärm landeten mehrere Polizeihubschrauber. Wenige Augenblicke später tauchte eine große Zahl junger Polizisten und Polizistinnen auf, die ihre Ausrüstung auf dem Rücken trugen. Die Männer und Frauen, alle um die zwanzig Jahre alt, strahlten große Energie und Entschlossenheit aus. Auf der Landebahn wurden sie von Armeeoffizieren auf die Hubschrauber verteilt, die sie nach San Vicente bringen würden. Dort sollten sie den Präsidenten während seines geplanten Besuchs beschützen.[2]

Anschließend landete eine schwarze Hercules, die aus Bogotá kam. An Bord der Maschine war eine Gruppe ausländischer Journalisten, die hier umstiegen und offenbar alle über den Besuch des Präsidenten in San Vicente berichten wollten.

Gegen elf Uhr traf schließlich das Präsidentenflugzeug ein. Pastrana stieg in Begleitung seines Generalsekretärs aus und schritt eine Ehrenformation der Garde ab. Wir standen ebenfalls auf dem Rollfeld und warteten darauf, dass man uns unsere Plätze in einem der Hubschrauber zuwies. Auf dem Weg zu seinem Helikopter ging der Präsident an uns vorüber. Wir sahen Pastrana an, aber er sagte kein Wort und bestieg den Hubschrauber, der augenblicklich abhob. Ich war verblüfft über sein Verhalten. Er kannte uns gut und hatte uns bis dahin noch bei jeder Begegnung freundlich begrüßt. Besonders befremdlich war sein Verhalten gegenüber Ingrid, denn die Familien der beiden waren seit Langem miteinander bekannt. Angeblich waren er und Ingrid sogar seit ihrer Kindheit befreundet gewesen. Als er für die Präsidentschaft kandidiert hatte, hatte sie zu den Senatoren gezählt, die im ganzen Land um Stimmen für ihn geworben hatten. Ich hatte keine Ahnung gehabt, dass die Beziehung zwischen den beiden mittlerweile derart abgekühlt war.

Und dann sahen wir, dass weitere Personen die übrigen Helikopter bestiegen und sofort abhoben. Wir blieben zurück. Man gab uns keinerlei Erklärung.

Bei unserer Ankunft hatte man uns noch angeboten, uns in einem dieser Hubschrauber mitzunehmen. Und nun erhielt der Sicherheitschef unseres Wahlkampfs nicht einmal die Akkreditierungen, und es gelang ihm auch nicht, dafür zu sorgen, dass man uns wie geplant auf dem Luftweg nach San Vicente brachte.

Es hat wenig Sinn, sich heute darüber zu beklagen, aber hätte der Präsident an jenem Tag eine andere Haltung gezeigt, wären wir wahrscheinlich nicht entführt worden. Wir hätten im Hubschrauber fliegen und noch am Abend desselben Tages über Florencia nach Bogotá zurückreisen können – wie es im Übrigen der Präsident in Begleitung seines Gefolges und all der internationalen Berichterstatter getan hatte, wie wir am Abend in den Fernsehnachrichten sehen konnten. Doch zu diesem Zeitpunkt befanden wir uns bereits als Gefangene in einem Lager der Guerilleros. Über unsere Entführung wurde erst am folgenden Tag berichtet. Woran das lag, ist mir unerklärlich, denn der Sicherheitschef hatte um vierzehn Uhr den Kontakt zu uns verloren und zweifellos unverzüglich gemeldet, dass wir verschwunden waren.

Es ist sonderbar, aber während meiner Gefangenschaft dachte ich über kaum eine Person so viel nach wie über Pastrana.[3] Ich nehme an, dass dies an der absurden Vorstellung lag, ein Präsident könne sämtliche Probleme seines Landes lösen. Nach meiner Befreiung zählte er zu den ersten ehemaligen Amtsträgern, die mich zu meiner mutigen Haltung beglückwünschten, und er schrieb mir sogar einen Brief, den ich bis heute aufbewahre. Ich bin davon überzeugt, dass er unsere Entführung hätte verhindern können. Zumindest hätte er, nachdem man uns verschleppt hatte, die nötigen Schritte zu unserer Befreiung unternehmen können, und zwar nicht mittels einer militärischen Kommandoaktion wie jener, die er zwei Tage nach unserer Verschleppung anordnete und die mehrere Soldaten das Leben kostete, sondern mittels einer Verhandlungslösung.

Man darf jedoch nicht vergessen, dass ihm nur mehr fünf Monate bis zum Ende seiner Amtszeit blieben. Ich hatte zu der Zeit den Eindruck, dass er bereits seinen Abschied vom Präsidentenpalast vorbereitete und daher möglicherweise seine Pflichten nicht mehr allzu ernst nahm. Tatsächlich ging es ja nicht nur um uns. In den vorangegangenen Monaten waren mehrere Politiker aus dem Bezirk Huila[4] sowie der ehemalige Gouverneur von Meta[5] entführt worden. Zudem befanden sich zahlreiche Armeeangehörige und Polizisten in der Gewalt der FARC, einige von ihnen seit Jahren. Kurz nach uns wurden Abgeordnete aus dem Valle del Cauca[6] und der Gouverneur von Antioquia[7] sowie sein Berater für den Friedensprozess verschleppt.

Als wir sahen, dass der Flughafen nun fast völlig verwaist war, wurde uns klar, dass uns nun nichts anderes übrig blieb, als die Reise auf dem Landweg fortzusetzen.[8] Die zuständige Sicherheitsbehörde, das Departamento Administrativo de Seguridad (DAS) von Florencia, erklärte sich bereit, uns für die Fahrt einen Pick-up zur Verfügung zu stellen, gestand uns jedoch keinerlei zusätzliches Begleitpersonal zu.

Wir versammelten uns in einem kleinen Saal, um zu entscheiden, welche Mitglieder des Stabs die Reise fortsetzen sollten. Dann teilte uns der für unseren Schutz zuständige Polizeihauptmann mit, dass er uns nicht begleiten werde, und die übrigen Leibwächter schlossen sich ihm an. Ich weiß nicht, was den Polizeioffizier zu dieser Entscheidung bewogen hatte – schließlich wäre es seine Aufgabe gewesen, Ingrid auf dem gesamten Staatsgebiet zu beschützen. Eine französische Journalistin, die Dolmetscherin und unser Pressechef beschlossen ebenfalls, nicht mit uns zu fahren.

Damit war unsere Gruppe auf fünf Personen zusammengeschmolzen: Ingrid, der Fahrer, ein französischer Journalist, ein Kameramann und ich. Der Sicherheitschef half uns zumindest, indem er weiße Fahnen und Schilder der Kandidatin Ingrid Betancourt am Fahrzeug befestigte. Und er sagte zu mir: »Frau Doktor, machen Sie sich keine Sorgen. Morgen holen wir Sie hier ab, um Sie mit der Nachmittagsmaschine nach Bogotá zurückzubringen.«

Tatsächlich beruhigte ich mich. Ich hielt mir vor Augen, dass wir bis dahin nie in Schwierigkeiten geraten waren. Ich erinnerte mich an eine ähnliche Reise an Ingrids Seite im Jahr 1997. Damals war sie noch Mitglied der Abgeordnetenkammer gewesen. Wir waren in einem Kleinflugzeug nach Puerto Asís im Bezirk Putumayo geflogen, einem Ort unweit der Grenze zu Ecuador im Süden des Landes. Dort fand ein Protestmarsch der Indios statt, und die Region war seit Wochen durch einen Streik gelähmt. Ingrid wollte humanitäre Hilfe wie Lebensmittel, Medikamente und Kleidung für die protestierenden Familien hinunterbringen, die seit mehreren Tagen auf den Straßen des Ortes kampierten, um die Zentralregierung zur Erfüllung ihrer Forderungen zu bewegen.

Als wir in Puerto Asís landeten, war der Flughafen von der Armee abgeriegelt. Wir hatten gerade genug Zeit, die Streikenden zu begrüßen, ihnen die Hilfsgüter zu übergeben und einen kurzen Rundgang durch den Ort zu machen, bevor wir wieder umkehren mussten.

Doch auf dem Rückflug trat ein technisches Problem bei der Maschine auf. Der Pilot musste in der Nähe des Flughafens von Ibagué auf einem Feld notlanden. Dort holte uns ein Wagen der Feuerwehr ab, und wir kehrten in einer Linienmaschine nach Bogotá zurück.

Ich ging davon aus, dass unsere Reise nach San Vicente trotz aller Schwierigkeiten genau wie jene nach Puerto Asís gut verlaufen würde. Das war wohl der Grund dafür, dass die Worte des Polizeioffiziers genügten, um mich zu beruhigen.

Als der Wagen, den man uns zur Verfügung gestellt hatte, bereitstand, stiegen wir ein. Ingrid nahm vorne neben dem Fahrer Platz, und der französische Journalist, der Kameramann und ich setzten uns auf die Rückbank. Wir verabschiedeten uns von den Leibwächtern und von der übrigen Gruppe, und ein Wagen der Polizei von Florencia begleitete uns bis zum Stadtrand. Es war etwa dreizehn Uhr, und wir hatten mit unseren Sicherheitsleuten vereinbart, stündlich miteinander Kontakt aufzunehmen.

Die Straße, die wir entlangfuhren, war in einem guten Zustand, allerdings ziemlich verwaist. Nur hin und wieder begegneten wir einem Motorrad oder einem Taxi. Wir fuhren über eine schöne Hochebene, die Temperatur lag zwischen 28 und 30 Grad im Schatten. Als wir an einem Kontrollposten der Armee vorbeikamen, erkundigte Ingrid sich kurz nach der Lage. Die Soldaten sagten ihr, dass es in der letzten Zeit in dieser Gegend zu keinerlei Kämpfen gekommen sei. Auch auf der

Straße nach San Vicente habe zuletzt Ruhe geherrscht. Dennoch warnten die Soldaten Ingrid, dass sie die Reise nur auf eigene Gefahr fortsetzen könne. Wir beschlossen weiterzufahren.

Nach etwa einer Stunde hielten wir in einem kleinen Dorf namens Montañitas an, um aufzutanken. Wir versuchten, unsere Sicherheitsleute anzurufen, konnten sie jedoch nicht erreichen. Wir erhielten auch keinen Anruf von ihnen.

Mit vollem Tank setzten wir die Fahrt durch eine Gegend fort, die immer verlassener wurde. Am Himmel zogen Scharen von Vögeln vorüber; zunächst sahen wir weiße, dann schwarze Vögel. Es war, als handelte es sich um ein Omen für das, was uns ein Stück weiter erwartete.

Wir fuhren über zahlreiche Brücken, und jedes Mal wieder beschlich mich der quälende Gedanke, dass einige von ihnen möglicherweise vermint waren. Aber diese Sorge behielt ich für mich.

Es waren etwa dreißig bis vierzig Minuten seit unserem Tankstopp vergangen, als wir hinter einer Kurve eine sehr lange Gerade vor uns sahen, die sich kilometerweit hinzog. In einiger Entfernung konnten wir mehrere Lastwagen und Busse erkennen, die zu beiden Seiten der Straße standen, so als würden sie den Weg versperren.

Unser Fahrer drosselte die Geschwindigkeit. Plötzlich sahen wir einen jungen Mann in einem Tarnanzug, der auf uns zulief. Er bedeutete uns mit Handzeichen, wir sollten anhalten. Über seiner Schulter hing ein Gewehr, am Gürtel trug er eine Peinilla.[9] Er trat an den Wagen heran und fragte den Fahrer, wohin wir wollten. Wir sagten ihm, dass wir auf dem Weg nach San Vicente del Caguán seien, wo man uns erwarte, und baten ihn, uns passieren zu lassen. Er erwiderte, wir sollten warten, da er erst um Erlaubnis fragen gehen müsse.

Der junge Mann war verschwitzt und sichtlich aufgeregt. Er lief zu den leeren Autobussen zurück. Außer ihm war weit und breit kein Mensch zu sehen.

Nach einer Weile kehrte er zurück und befahl uns, ihm im Schritttempo zu folgen. Er ging vor dem Wagen her. Bevor wir die Busse erreichten, bedeutete er unserem Fahrer, er solle links an den Straßenrand fahren und anhalten.

In diesem Augenblick tauchten mehrere Männer auf, die wie Bauern gekleidet waren. Sie wiesen uns mit Handzeichen an, den Wagen vielmehr nach rechts zu lenken, damit er zwischen den Bussen hindurchfahren konnte.

Ein durchdringender Benzingestank schlug uns entgegen: Einige der Busse waren ausgebrannt. Es hatte den Anschein, als würde hier jeden Augenblick etwas explodieren. Unser Wagen rollte langsam zwischen den Bussen hindurch.

Als wir wieder freie Sicht hatten, sahen wir uns plötzlich von uniformierten und bewaffneten Männern umstellt. Sie wirkten sehr angespannt. Und dann hörten wir in unmittelbarer Nähe eine starke Explosion. Offenbar hatte sie einen der Männer getroffen, die neben dem Auto standen – denn plötzlich war sein Gesicht blutüberströmt. Wir waren fassungslos. Der Kameramann keuchte: »O mein Gott!« Und einer der Guerilleros schrie verzweifelt: »Schnell, ins Krankenhaus!«

Sie luden den Verwundeten hinten auf die Ladefläche unseres Pick-ups. Der Mann, der uns hierhergelotst hatte, sprang ebenfalls auf den Wagen und erklärte unserem Fahrer sogleich den Weg. Er wies ihn an, von der asphaltierten Straße abzubiegen und auf einem unbefestigten Weg weiterzufahren. Der Verletzte schrie unentwegt.

Nach einer Fahrt von etwa zehn Minuten stießen wir auf zahlreiche Fahrzeuge und eine große Gruppe Bewaffneter. Sie waren verschwitzt, nervös und offensichtlich sehr gereizt.

Wir mussten anhalten. Der Verwundete wurde hastig abgeladen und in einen Jeep gelegt, der augenblicklich davonraste.

Einen Moment später befahlen die Männer dem Kameramann und dem französischen Journalisten auszusteigen. Dann erschien ein grobschlächtiger Mann, anscheinend der Kommandant. In rüdem Ton befahl er Ingrid, den Wagen zu verlassen und in einen anderen Pick-up zu steigen.

Ich saß nun allein im Wagen. Der Kommandant kehrte zurück und musterte mich. Ich war sehr besorgt und fragte ihn: »Wohin bringen Sie sie?«

Ohne mir zu antworten, bedeutete er mir, ich solle ebenfalls in den anderen Pick-up umsteigen, allerdings nicht in die Fahrerkabine wie Ingrid, sondern auf die Ladefläche, wo unter einer Plane auf jeder Seite drei Männer saßen, die mich schweigend ansahen. Weitere zwei Männer stellten sich auf die Trittbretter der Fahrerkabine und hielten sich an den Türen fest.

Kaum hockte ich auf der Ladefläche, da raste der Pick-up los. Wir fuhren mit halsbrecherischer Geschwindigkeit auf einem Pfad durch das Dickicht. Möglicherweise hatte sie jemand darüber informiert, dass wir dort vorbeikommen würden. Jedenfalls hatten sie genau gewusst, was sie taten, als sie Ingrid aus dem Wagen holten. Es war ihnen vollkommen klar gewesen, wen sie da verschleppten.

Irgendwann wurde mir bewusst, dass die beiden Männer auf den Trittbrettern schrien – und es hörte sich nach Freudenschreien an. Sie hielten sich mit einer Hand fest, in der anderen hatte jeder von ihnen eine Handgranate. Ich hatte Angst, sie könnten die Granaten fallen lassen, vor allem da die rasende Fahrt auf dem holprigen Weg den Wagen heftig durchschüttelte. Ich schrie dem Fahrer zu: »He, Sie transportieren hier keine Kartoffeln!«

Ich weiß nicht, ob er mich hörte, aber er drosselte tatsächlich ein wenig die Geschwindigkeit.

Nach kurzer Zeit kamen wir an einen Ort, wo wir erneut das Fahrzeug wechselten und einem weiteren Kommandanten übergeben wurden, der älter war und gelassener wirkte. Er ließ uns in einen anderen Pick-up einsteigen.

Ingrid und ich setzten uns zu ihm nach vorn, die übrigen Männer blieben zurück, und wir fuhren weiter zu einem Dorf mit Namen La Unión Pinilla; ein ruhiger und friedlicher Ort. Die Einwohner saßen in Schaukelstühlen auf den Terrassen. Sie musterten uns, aber keiner von ihnen sagte ein Wort.

Der Kommandant hielt den Wagen an und führte uns in einen kleinen Laden. Wir waren froh darüber, denn wir mussten dringend auf die Toilette.

Der Besitzer des Lokals näherte sich uns, bot uns sogar eine Gaseosa, eine Art Limonade, an und wies uns den Weg zur Toilette.

Als wir zurückkehrten, führte man uns in einen kleinen Saal. Der Kommandant befahl uns, uns hinzusetzen und einen Brief an unsere Familien zu schreiben, um ihnen mitzuteilen, dass man uns entführt hatte. Ich erschrak sehr, und meine Angst wuchs noch, als er uns ein Blatt Papier reichte und mich nach meiner Schuhgröße fragte. Erst in diesem Moment wurde mir wirklich bewusst, dass wir verschleppt worden waren. Bis dahin hatte ich die vage Hoffnung gehabt, man würde uns wieder gehen lassen.

Wie die meisten Kolumbianer war ich mit der allgegenwärtigen Tragödie der Entführungen vertraut, aber wie alle Menschen hatte ich gedacht, dass mir selbst nie etwas Derartiges widerfahren würde. Bis zu diesem Augenblick war mir nie in den Sinn gekommen, ich könnte selbst einmal Opfer einer Entführung werden, obwohl es in meinem eigenen persönlichen Umfeld durchaus

Menschen gab, deren Familien dieses Drama bereits durchlebt hatten.

Ingrid schrieb einen Brief an ihre Eltern und an ihre Schwester. Dann reichte sie das Blatt an mich weiter, damit ich auf der Rückseite ein paar Zeilen an meine Mutter schreiben konnte. Es gelang mir lediglich, einen kurzen Absatz zu Papier zu bringen, in dem ich etwa Folgendes schrieb:

> Mamita,
> ich bin davon überzeugt, dass alles, was geschieht, einem Zweck dient. Ich vertraue darauf, dass die Tatsache, dass ich mit Ingrid mitten in diesen absurden Konflikt hineingeraten bin, auf irgendeine Art dazu beitragen wird, das Leben in Kolumbien wiederherzustellen. Ich vertraue jeden Augenblick auf Gott und hoffe, dass wir uns bald wiedersehen werden.
> Von ganzem Herzen,
> Deine Tochter.

Der Kommandant schickte das Schreiben per Fax an Ingrids Vater, der zu jenem Zeitpunkt noch lebte.

Anschließend brachte man uns wieder zum Pick-up. Ingrid und ich setzten uns neben den Kommandanten nach vorn, und eine Gruppe Bewaffneter stieg hinten ein.

Der Nachmittag neigte sich bereits dem Ende zu, es war nun etwa siebzehn Uhr. Wir verließen das Dorf, als wäre es das Normalste der Welt: Die Dorfbewohner saßen seelenruhig in ihren Schaukelstühlen, rührten sich nicht und sahen unserem Fahrzeug schweigend nach.

Der Fahrer fuhr sehr schnell. Vielleicht, um mit der Musik die Spannung ein wenig zu lösen, schaltete der Kommandant das Radio ein. Ingrid und ich schwiegen. Der Kommandant hatte uns gesagt, dass uns ohnehin nichts anderes übrig bleibe, als uns mit unserer Situation abzufinden.

Die Fahrt dauerte etwa zwei Stunden. Die Abenddämmerung brach bereits herein, als der Fahrer unvermittelt von der Straße abbog und über ein weites Feld fuhr. Nach etwa zwei Kilometern erreichten wir ein Wäldchen. Dort befand sich ein Lager der Guerilleros, vor dem man uns aus dem Wagen aussteigen hieß. Wir wurden von einer Kommandantin in Empfang genommen, die uns zur Begrüßung die Hand reichte. Diese freundliche Geste überraschte mich ebenso wie die Kraft, mit der mir die Frau die Hand drückte – ich hatte das Gefühl, sie würde mir den Arm ausreißen.

Wie wir später erfuhren, nannte sich der Kommandant, der uns hergebracht hatte, »El Mocho«* César.[10] Er übergab uns nun dieser Frau und sagte ihr, dass er in einigen Tagen wiederkommen werde. Die Kommandantin, eine grauhaarige Frau von mittlerer Statur, hieß Mary Luz. Sie zeigte uns unsere Schlafplätze in einer Art Baracke, die sie »das Krankenhaus« nannten: Die Dach-

* Anm. d. Übers.: »Der Einarmige«

konstruktion dieses Schuppens war mit Palmwedeln gedeckt. Das Gebäude hatte keine Seitenwände, und der Boden bestand einfach aus festgetretener Erde. Unter diesem Dach lagen mehrere kranke Männer. Man wies uns zwei Schlafplätze in einer Ecke zu. Von den Kranken waren wir durch mehrere unbenutzte Pritschen getrennt. Man teilte uns eine Guerillera zu, die keinen Augenblick von unserer Seite weichen sollte. Sie erlaubte uns, auf die Toilette zu gehen, rief jedoch vorher eine Kameradin herbei.

Die beiden Wärterinnen führten uns zu einem etwa dreißig Schritte entfernten Dickicht, wo wir mehrere Löcher im Boden vorfanden. Der Anblick erschreckte mich. Die Löcher waren mit schlammig-gelblichem Wasser gefüllt. Als ich an der Reihe war, bat ich meine Wärterin, sich einige Schritte zu entfernen, da mein Darm revoltierte; die Situation war mir peinlich. Aber die Umgebung war derart ungewohnt, dass es mir nicht gelang, mich zu erleichtern. An diesem schlammigen Ort sein zu müssen, mit diesem gelblichen Wasser und all den Ameisen und diesen riesigen Blättern, die teilweise Dornen hatten – all das machte mir mit einem Schlag bewusst, was hier mit uns geschah.

Ich stand wieder auf, und wir machten uns auf den Rückweg zu unserer Schlafstätte.

Auf dem kurzen Fußweg zum »Krankenhaus« trat die Kommandantin Mary Luz in Begleitung von zwei weiteren Frauen an uns heran. Sie fragte uns, wie wir uns fühlten, und begann, Ingrid zu ihren politischen Vorhaben zu befragen. Ingrid gab ihr Auskunft. In diesem Moment schlich eine schwarze Katze vorbei, die neben der Kommandantin stehen blieb, so als wollte sie sich anhören, was die beiden sprachen.

Nach einigen Minuten brachten sie uns zurück zum »Krankenhaus«. Wir setzten uns auf unsere Pritschen. Ich starrte auf den Lehmboden. Die uniformierten Frauen, die alle langes Haar trugen, blieben in der Nähe. Einige von ihnen waren sehr groß und wirkten furchteinflößend. Ich schwieg die ganze Zeit. Der Gedanke, mich an diesem fremdartigen Ort schlafen zu legen, kam mir absonderlich vor.

Eine der Frauen brachte uns zwei mit Reis gefüllte Teller. Dazu gab es Rührei und eine reife Banane. Mir schien die Mahlzeit sehr reichlich zu sein, obwohl wir weder gefrühstückt noch zu Mittag gegessen hatten.

Die Frau hatte nur einen Löffel mitgebracht; ich bat sie, einen zweiten für mich zu bringen. Sie sah mich einen Moment stumm an und ging dann weg, um einen weiteren Löffel zu holen. Es war für uns völlig ungewohnt, den Reis mit einem Löffel statt mit einer Gabel zu essen.

Wir rührten das Essen beide kaum an. Gegen neunzehn Uhr, es war bereits dunkel, kam die Kommandantin, um uns an einen anderen Platz zu bringen. Die Nacht war klar, der Mond schien. Wir gingen ein kleines Stück und kamen zu einer ähnlichen Baracke wie der, in der wir vorher gewesen waren, aber in dieser gab es einige Sitzbänke, die aus Brettern zusammengezimmert worden waren. Dort stand auch ein Fernsehgerät. Man hörte das Geräusch eines Stromgenerators.

Sie sagte uns, wir sollten uns hinsetzen. Kurz darauf erschienen mehrere bewaffnete Männer, die jedoch entspannt wirkten. Wir warteten alle auf die Nachrichten, aber da es Samstag war, begann die Sendung später als an gewöhnlichen Werktagen, nämlich um zwanzig Uhr. Der Empfang war sehr schlecht, und obwohl es sich um ein Farbfernsehgerät handelte, sahen wir das Bild nur in Schwarz-Weiß.

In der Nachrichtensendung wurde unsere Entführung nicht erwähnt. Stattdessen gab es einen Bericht über die Reise des Präsidenten nach San Vicente del Caguán. Die Regierung ließ verlauten, sie habe die Stadt wieder unter ihre Kontrolle gebracht. Nachdem die Guerilleros diese Nachricht gesehen hatten, schalteten sie das Gerät aus.

Wir wurden angewiesen, wieder in unsere Baracke zurückzukehren, aber auf dem Rückweg baten wir die Kommandantin, uns noch ein wenig draußen spazieren gehen zu lassen. Sie hatte nichts dagegen, und wir gingen ein paar Schritte auf und ab, wobei wir über die Nachrichtensendung sprachen. Wir waren sehr besorgt, konnten wir doch mitnichten sicher sein, dass der Kommandant das Fax mit den Zeilen an unsere Familien tatsächlich abgeschickt hatte. Vielleicht waren sie gar nicht angekommen, oder es hatte sie noch niemand gelesen. Es ängstigte uns auch, nicht zu wissen, wie es unseren Familien ging.

Nach einiger Zeit kam jemand und sagte uns, dass

wir uns nun schlafen legen müssten. Es war etwa einundzwanzig, vielleicht zweiundzwanzig Uhr. Als wir das »Krankenhaus« betraten, stellten wir fest, dass es keine Laken gab, sondern lediglich nackte Bretter und dünne Kopfkissen. Über diesen Betten brachten sie ein Moskitonetz an. Wir beschlossen, uns gemeinsam in ein Bett zu legen. Ich wagte nicht, mich zu rühren, denn die Dunkelheit schüchterte mich ebenso ein wie die kranken Männer, die ihre Waffen neben ihren Betten hängen hatten.

Alle paar Minuten kam eine Wache vorbei und leuchtete uns mit einer Taschenlampe an. Es war mir nicht möglich zu schlafen, obwohl man lediglich die Geräusche der Nacht hörte. Irgendwann fing es an zu regnen, und ich schlief ein.

Der Lärm von Hubschraubern weckte mich auf. Ich betete zu Gott, es möge weiterregnen, weil ich hoffte, der Regen würde die Armee daran hindern, unser Lager zu erreichen. Ich musste immerzu an den tragischen Tod von Diana Turbay[11] denken und war derart verängstigt, dass meine Beine zitterten.

Plötzlich stand die Kommandantin neben uns und befahl uns aufzustehen, weil wir aufbrechen müssten. Da wir vollkommen bekleidet geschlafen hatten, waren wir sofort marschbereit. Wir verließen das Lager und stapften etwa eine halbe Stunde durch das dichte Unterholz. Es hatte aufgehört zu regnen, und trotzdem war ich sofort vollkommen durchnässt. Meine Turnschuhe waren aufgeweicht. Wir gingen in einer langen Reihe;

es herrschte völlige Dunkelheit, und wir sahen nicht, wohin wir die Füße setzten. Die Guerilleros trugen ihre Gewehre über der Schulter, aber sie gingen derart leise, dass sie fast nicht zu hören waren – im Gegensatz zur Kommandantin, die irgendwann den harschen Befehl gab anzuhalten.

Wir verharrten in völliger Stille inmitten des Dschungels. Augenblicklich ließen sich Mücken auf unserer Haut nieder und begannen, uns zu stechen. Ich empfand es als höchst anstrengend, so reglos im Wald stehen zu müssen. Nach einer Weile gab die Kommandantin schließlich das Signal, den Marsch fortzusetzen.

Als wir unser Ziel erreichten, stellte sich heraus, dass wir wieder in demselben Lager angelangt waren, das wir kurz zuvor verlassen hatten. Man befahl uns, uns wieder unter das Moskitonetz zu legen. Obwohl es kalt war, schwitzte ich. Ich versuchte herauszufinden, wie spät es war, und schätzte die Uhrzeit auf ein oder zwei Uhr morgens. Ich war vollkommen erschöpft und schlief sofort ein. Dieser Tag war über meine Kräfte gegangen.

Der Tag danach

Ich erwachte im Morgengrauen mit einem durchdringenden Benzingestank in der Nase. In der Nähe lief ein Radio. Die Nachricht von unserer Entführung wurde verbreitet.

Der Morgen war neblig, es fiel ein leichter Nieselregen. Ich war sehr bedrückt. Als ich die Wärterin bat, mich auf die Toilette gehen zu lassen, führte sie mich an denselben Ort, an dem wir am Vorabend gewesen waren. Aber nun sah ich die Umgebung bei Tageslicht: den gewaltigen, dichten Regenwald und in der Ferne eine weite Ebene. Ich hatte die Vermutung, dass dieser Ort nicht weit von La Unión Pinilla entfernt sein konnte.

Als wir zur Baracke zurückkehrten, musste ich die Wärterin bitten, draußen bleiben zu dürfen, da mir von dem starken Benzingeruch übel war.

Man wies mich an, mich auf eine Bretterbank in der Nähe unseres Schlafplatzes zu setzen. Dort saß ich eine Weile allein, bis sich ein junger Guerillero zu mir gesellte. Es überraschte mich, dass er keine Waffe bei sich hatte. Zur Hose seines Tarnanzugs trug er ein grünes Hemd. Er war hellhäutig, glatt rasiert und wirkte entspannt. Auf seine Frage, wie ich mich fühlte, antwortete ich, es gehe mir gut. Er fragte, ob ich in der Nacht Angst gehabt hätte.

»Natürlich«, gab ich zurück. »Mir haben die Beine gezittert. In meinem ganzen Leben hatte ich noch nie solche Angst. Ich war gelähmt vor Furcht, als ich das Geräusch der Hubschrauber über uns hörte.«

Er lachte, was mich überraschte. »Das hatte nichts zu bedeuten«, sagte er.

Nach einer Weile trat eine sehr junge Kämpferin an mich heran und fragte, ob ich etwas trinken wolle. Als wäre ich in einer Bar in der Stadt, antwortete ich, dass ich gerne einen Orangensaft hätte. Sie ging weg, kam nach kurzer Zeit mit zwei Gläsern Mandarinensaft zurück und sagte, ein Glas sei für mich und eines für meine Freundin.

Ich trank den Saft, und dieser Moment blieb mir als ein besonderer Augenblick in meiner langen Gefangenschaft in Erinnerung, vor allem wegen der Farbe des Saftes. Ahnungslos, wie ich war, konnte ich mir zu jenem Zeitpunkt noch nicht vorstellen, was mich erwartete, aber es sollten mehrere Jahre vergehen, bevor ich erneut den Geruch frischen Obstes genießen konnte. Noch heute empfinde ich den Geschmack eines frisch gepressten Orangensafts zum Frühstück als einen der wunderbarsten Genüsse auf Erden.

Es war etwa halb acht, als Ingrid aus der Baracke kam. Sie wirkte außergewöhnlich schmal auf mich. Mit einem Ausdruck der Überraschung im Gesicht kam sie auf mich zu und begrüßte mich. Ich fragte sie, wie es ihr gehe, und sie antwortete, sie habe die ganze Nacht geweint und sei nicht in der Verfassung zu sprechen. Ich erwiderte, sie müsse wohl innerlich geweint haben, da ich nichts gehört hatte. Aber man sah ihr an, dass sie kein Auge zugetan hatte. Sie setzte sich neben mich auf das Brett. Ich reichte ihr den Mandarinensaft und erzählte ihr, was ich in den Nachrichten gehört hatte. Im Radio hatten sie gesagt, dass unsere Entführung sogar schon von der *Washington Post* gemeldet worden sei. Wir saßen eine Weile schweigend da. Es fiel uns sehr schwer zu verkraften, was mit uns geschah.

Dann suchten wir die Latrine auf. Auf dem Rückweg baten wir die Wärterin, uns ein wenig im Lager umhergehen zu lassen, damit wir uns mit dem Ort vertraut machen konnten. In einer der Baracken in der Nähe lag auf einer Art Webstuhl ein Stoffballen. Das Gewebe wirkte wie der Stoff eines Fallschirms, aber wahrscheinlich handelte es sich vielmehr um ein Fischernetz. Ein Stück weiter sahen wir einige Klappstühle mit zahnärztlichen Instrumenten und dahinter so etwas wie einen Lagerraum, in dem Süßkartoffeln, Bananen und Gemüse aufbewahrt wurden. Daneben standen zwei Benzinöfen und eine Wassertonne.

Wir gingen weiter und kamen zur Hütte der Kommandantin Mary Luz. Es war unübersehbar, dass dort jemand von höherem Rang wohnte, denn im hinteren Teil der Hütte war so etwas wie ein Zimmer abgeteilt worden, und im Vorraum stand ein Kühlschrank. Der Boden war wie in den anderen Hütten unbefestigt, aber dies war die beste Behausung, die wir bis dahin im Lager gesehen hatten.

Und dann sahen wir zu unserer großen Überraschung, dass eine der Kämpferinnen der Kommandantin eine Pediküre angedeihen ließ. Ich war fassungslos, denn das Letzte, was ich am ersten Morgen nach meiner Entführung zu sehen erwartet hätte, war ein Schönheitssalon, in dem sich diese derbe Kommandantin verwöhnen ließ. In der Hütte herrschte eine ruhige und entspannte Atmosphäre, die so gar nicht zu dem passen wollte, was wir seit dem Vortag erlebt hatten. Wir fragten sie, ob es eine Möglichkeit gebe, uns zu waschen. Sie antwortete, wir müssten einige Stunden warten, bis das Bad frei sei. Ingrid nutzte die Gelegenheit, um die Kommandantin um eine Gummimatte zu bitten, damit sie Gymnastikübungen machen konnte. Ich bat um ein Schachspiel.

Nach einem kurzen Rundgang kehrten wir zu unserer Baracke zurück, wo wir je eine Tasse Schokolade vorfanden. Sie war sehr schwarz und schmeckte fürchterlich, aber ich wagte nicht, daran Kritik zu üben. Das Getränk hatte keinerlei Ähnlichkeit mit einer richtigen heißen Schokolade. Diese hier war bitter und zähflüssig. Ich fand sie widerwärtig.

Ich kauerte mich an den Rand der Baracke und sah zum Himmel hinauf. Es war ein grauer Tag, und dieser Ort lag im Schatten der Bäume im Dämmerlicht. Ich versuchte, ein wenig auszuruhen. Ich war nicht imstande zu sprechen. Es fiel mir schwer zu begreifen, was um mich herum geschah.

Nach einer Weile kam jemand und sagte uns, wir sollten uns für das Bad vorbereiten – nur hatten wir nichts zum Waschen dabei. Womit also sollten wir uns vorbereiten? Sie brachten uns Handtücher und führten uns zu einem Zementbecken, aus dem wir das Wasser mit einer Schüssel schöpfen mussten. Ich wusste nicht, wo ich meine Kleidung lassen sollte, und hängte sie über einen Ast. Dann stellten wir uns auf ein Brett, um nicht im Schlamm zu stehen, und zogen uns rasch aus. Das Wasser war eiskalt, es gab nur Reste von Seife. Ich spülte mich kurz ab und zog mich hastig wieder an.

Obwohl ich mich sehr beeilt hatte, fühlte ich mich nach diesem Bad durchaus erfrischt. Wir kehrten in die Baracke zurück. Ich hatte eine Haarbürste in meiner Handtasche und begann, mich in aller Ruhe zu frisieren.

Es war bereits nach Mittag, als man uns eine Mahlzeit anbot, die aus einem kalten und zähen Fleischspieß und einigen Tomaten bestand.

Wir blieben den ganzen Nachmittag in der Baracke und schlugen die Zeit tot. Als die Dunkelheit hereinbrach, brachte man uns eine Tüte Brot und Agua de panela*, das nach dem Mandarinensaft das Beste war, was ich an jenem Tag erhielt, obwohl es sehr süß war. Später erfuhr ich, dass die Menschen im Dschungel dieses Getränk stark konzentriert und süß zu sich nehmen, um sich mit zusätzlicher Energie zu versorgen.

* Anm. d. Übers.: Erfrischungsgetränk, für das getrocknete Zuckerrohrmelasse – *panela* – mit Wasser aufgegossen wird. Panela dient der armen Landbevölkerung als wichtige Energiequelle, da sie reich an Protein und Mineralstoffen ist.

Kurz vor acht Uhr wurden wir in die Baracke gebracht, in der das Fernsehgerät stand, damit wir uns die Abendnachrichten ansehen konnten. Die Meldung des Tages war die Bestätigung unserer Entführung durch den Frente 15 der FARC, dessen Befehlshaber der Comandante Joaquín Gómez war.[12] Als die etwa zwanzig anwesenden Guerilleros die Nachricht hörten, brachen sie in Jubel aus und sprangen vor Freude auf. Ich war fassungslos. Diese Leute freuten sich darüber, uns verschleppt zu haben! Ich brachte kein Wort heraus.

Als die Nachrichten zu Ende waren, brachte man uns in unsere Baracke zurück. Ich war immer noch nicht in der Lage zu sprechen. Der Bericht im Fernsehen hatte mir die schockierende Wahrheit erneut vor Augen geführt. Unsere Entführung war tatsächlich geschehen.

Ich war entsetzt darüber, wie die Guerilleros unser Unglück gefeiert hatten. Ich legte mich hin und wiederholte immer von neuem: »O mein Gott, ich bin entführt worden. Ja, ich bin entführt worden!«

Tränen rannen mir über die Wangen. Ich war vollkommen erschöpft. Die Nacht war rabenschwarz. Ich schloss die Augen und gab mich in die Hände Gottes. Die Angst hielt mich fest umklammert, bis mich der Schlaf übermannte.

Wenn ich heute an jenen Tag zurückdenke, versuche ich, mich zu entsinnen, was damals in unseren Köpfen vorging, aber es gelingt mir nicht. Ich kann mich auch nicht an ein Gespräch zwischen Ingrid und mir erinnern. Die schreckliche Wirklichkeit, in der wir gefangen waren, überstieg unser Vorstellungsvermögen.

Die Wildnis des Dschungels

Ich hatte mein ganzes bisheriges Leben in der Stadt verbracht. Es war ein Schock für mich, in der Wildnis gefangen zu sein, ständig von undurchdringlichem Grün umgeben, das mich zu verschlingen drohte. Seit meiner Kindheit hatte ich mich für alles interessiert, was mit Ökologie und Umweltschutz zu tun hatte. Aber es ist eine Sache, die Natur zu lieben, und eine ganz andere, ihr hilflos ausgesetzt zu sein. Wie uns mehrere gescheiterte Fluchtversuche rasch vor Augen führen sollten, war dieser Dschungel unser Gefängnis, aus dem es kein Entrinnen gab.

Im Regenwald führt man ein Leben im Schatten. Das Sonnenlicht erreicht nie den Boden; es wird stets durch das dichte Laubdach riesiger Bäume gefiltert, die die Höhe eines Gebäudes von sechs oder sieben Stockwerken erreichen. Die Guerilla wählt für ihre Lager stets Orte aus, an denen der Wald besonders dicht ist, um auf diese Weise eine Entdeckung aus der Luft zu vermeiden.

Der Mangel an Sonnenlicht unter dem Laubdach hat zur Folge, dass die Menschen, die sich ständig im Halbdunkel aufhalten, blass werden und unter einer Einschränkung ihres Sehvermögens zu leiden beginnen. Die

Farbe des Dschungels ist ein Grün in tausenden Tönen, und der Wald riecht nach Pflanzen und Feuchtigkeit, ein Geruch, den im Lauf der Zeit auch die Menschen annehmen, die im Wald leben.

Der Regenwald ist eine ungesunde Umgebung. Die schwere, feuchte Luft drückt auf die Lungen. Das Klima ist am Tag drückend schwül, was jede körperliche Anstrengung – etwa jene durch die langwierigen Märsche, zu denen wir gezwungen wurden – extrem erschwert.

In der Nacht, etwa um drei Uhr morgens, fällt die Temperatur unvermittelt stark ab. Dieser Temperatursturz erleichterte es mir, die Uhrzeit zu schätzen, was nötig war, da uns die Uhren abgenommen worden waren. Wenn es plötzlich sehr kalt wurde, wusste ich, dass es etwa drei Uhr sein musste.

Das Leben im Dschungel gehorcht einem festen Rhythmus, der im Wesentlichen von den Schwierigkeiten und Beschränkungen bestimmt wird, die eine derart feindselige Umgebung dem Menschen auferlegt. Unsere Tage verliefen immer gleich: Wir standen im Morgengrauen auf und gingen hinüber zur Latrine, einem etwa einen Meter tiefen Erdloch mit einem Durchmesser von anderthalb Metern. Dort verrichteten wir unsere Notdurft, und anschließend wurde alles mit Erde zugeschüttet. Dann wuschen wir uns, so gut es ging, und gegen sechs Uhr morgens brachte man uns einen mit Agua de panela gesüßten schwarzen Kaffee. Nachdem wir den Kaffee getrunken hatten, mussten wir oft all unsere Habseligkeiten einsammeln, um zu einem Marsch aufzubrechen.

Zu Beginn unserer Geiselhaft wurden wir ständig in Bewegung gehalten. Nur hin und wieder konnten wir mehrere Wochen an ein und demselben Ort ausruhen.

Die Guerilleros führten uns immer tiefer in den Dschungel, um der Armee, die unseren Entführern auf der Spur war, keine Gelegenheit zu einer Befreiungsaktion zu geben. Von da an mussten wir fast jeden Tag den Aufenthaltsort wechseln. Wir bewegten uns zu Fuß oder in Booten. Die Fußmärsche waren zermürbend, und auf den Booten mussten wir stundenlang mit gesenktem Kopf dasitzen und uns manchmal unter Kunststoffplanen verstecken, damit uns niemand aus der Luft erkennen konnte.

Wir führten ein Nomadenleben. Wir waren immer auf dem Sprung und hatten stets unsere Sachen zur Hand, um jederzeit weiterziehen zu können, wenn es die Befehlshaber für nötig hielten. Wir trugen alles Notwendige auf dem Rücken, darunter eine Hängematte aus Leinen, ein Moskitonetz und eine Zeltplane, die uns als Dach diente, wenn es regnete. Manchmal schliefen wir wie Tiere auf dem Boden; dann dienten uns ein paar Palmwedel als Bett.

Einmal mussten wir auf einem Maultier reiten, weil der Weg zu lang und beschwerlich war. Angeblich gab es nur einen Sattel, und die Guerilleros fragten mich, ob ich ohne Sattel reiten könne. Ich sagte ihnen, dass ich das noch nie getan hätte, es jedoch versuchen werde, und so ritt ich sieben oder acht Stunden ohne Sattel. Als ich von dem Maultier abstieg, fiel ich erschöpft zu Boden. Ich war ebenso müde und roch ebenso schlecht wie das Tier, mit dem ich zudem das knappe Wasser hatte teilen müssen. Obwohl diese Etappe so kräftezehrend war, verbinde ich auch schöne Erinnerungen damit, vor allem weil wir am frühen Abend eine Anhöhe erreichten, von der aus wir ein wenig von der Ebene sehen konnten.

Die Landschaft war herrlich. Das Sonnenlicht und der klare Himmel erfüllten mich mit Kraft, obwohl die wunde Haut meiner Beine sehr schmerzte. Im Nachhinein entdeckte ich, dass die Guerilleros sehr wohl einen zweiten Sattel gehabt hatten, den sie mir jedoch nicht hatten geben wollen, weil sie befürchteten, ich könnte einen Fluchtversuch unternehmen. Tatsächlich war mir der Gedanke an eine Flucht durch den Kopf gegangen, als ich auf dem Rücken des Maultiers gesessen hatte. Der Weg, auf dem wir uns befanden, würde mich schon irgendwo hinführen. Aber ich hatte von der Idee Abstand genommen, weil ich von mindestens einem Dutzend Guerilleros umgeben war, die zwar zu Fuß unterwegs, jedoch bewaffnet waren.

Die beiden Kommandanten, die unmittelbar nach unserer Entführung für unsere Bewachung verantwortlich gewesen waren – der Mocho César und Mary Luz –, verloren wir bald aus den Augen. Einige Zeit später erfuhren wir, dass El Mocho im Oktober jenes Jahres von Soldaten erschossen worden war, als er versucht hatte, zu uns vorzudringen. Mary Luz ging der Armee Jahre später in der Umgebung von San Vicente del Caguán ins Netz.

Wenige Tage nachdem man uns verschleppt hatte, wurden neue Kommandanten und andere Einheiten mit unserer Bewachung betraut. Nun begann unsere eigentliche Wanderung durch den Dschungel. Wir marschierten jeden Tag bis kurz vor Einbruch der Dunkelheit. Dann hielten wir an, um ein Lager für die Nacht aufzuschlagen, einige Guerilleros säuberten eine kleine Fläche vom Buschwerk, entfernten das Laub, schnitten einige Zweige und Palmwedel ab, um einen Unterschlupf zu bauen, und rammten ein paar Äste in den Boden, um ihre Jacken und Rucksäcke aufzuhängen. Doch manchmal hatten sie nicht einmal genug Zeit, um diese grundlegende Struktur aufzubauen; dann beschränkten wir uns darauf, die Hängematten, die Moskitonetze und die Zeltplanen aufzuhängen. So übernachteten wir im Freien. Mir war es eigentlich lieber, auf der Erde zu schlafen, auch wenn das Bett nur aus ein paar Palmwedeln bestand, denn die Hängematten waren sehr schmal und unbequem. Aber oft konnten wir uns einfach nicht auf den Boden legen, weil dort zu viel Getier herumkroch oder weil das Erdreich aufgeweicht war. So wurde es geradezu zu einem Luxus, auf einer Bretterliege zu schlafen, wenn wir mehrere Tage in einem Lager blieben.

Nachdem das Nachtlager vorbereitet war, wusch ich mich; wenn es möglich war, badete ich in einem Fluss, aber meistens konnte ich mir nur Wasser aus einem Kübel über den Kopf gießen, das ich normalerweise mit demselben Gefäß schöpfte, das ich auch zum Essen verwendete. Ich nutzte die Gelegenheit auch, um meine nach dem Tagesmarsch schweißnasse Kleidung zu waschen. Dabei handelte es sich um einen grünen Tarnanzug, den man mir in den ersten Tagen nach der Entführung gegeben hatte. Während der Tarnanzug über Nacht trocknete, schlief ich in der trockenen Ersatzgarnitur. Oft musste ich mir die gewaschene Kleidung am Morgen noch feucht wieder anziehen. Da ich nach dem Marsch normalerweise vollkommen erschöpft war, hatte ich nach dem Waschen gerade noch genug Kraft, um etwas zu essen. Anschließend legte ich mich nieder und schlief bis zum nächsten Morgen.

So lernte ich gezwungenermaßen eine wilde und feindselige Welt kennen. Der Regenwald am Äquator ist dicht, feucht und drückend heiß. Sein lehmiger Boden ist weich, und seine Farbe schwankt zwischen verschiedenen Gelbtönen und Kaffeebraun – das Königreich des Schlamms.

Der Regenwald ist auch die Heimat verschiedenster Vogelarten, Säugetiere, Reptilien und Amphibien. Dazu kommen Insekten jeder Art, Form, Größe und Farbe: von winzigen bis zu riesigen Spinnen, braune, schwarze und rote Skorpione, Ameisen jeder Größe, die teilweise extrem aggressiv sind und einen Menschen bei lebendigem Leib auffressen können. Fliegende Kakerlaken, Mücken, Bienen, Wespen, Hummeln – man begegnet dort einer Vielzahl von Getier, vor dem man ständig auf der Hut sein muss.

Ich gestehe, dass mich all diese wilde Natur in Angst und Schrecken versetzte. Ich war zu sehr Stadtmensch, um mich dieser Umwelt anpassen zu können, und das war mir anzumerken. Ich bemühte mich jeden Morgen, ein möglichst zuversichtliches Gesicht aufzusetzen, und schickte Dankgebete gen Himmel, weil ich noch am Leben war und all die Schönheit sehen durfte, die es trotz allem in dieser Wildnis gab.

Doch wenn wir in den furchtbaren, düsteren Dschungel vordrangen und uns durch dieses unwirtliche Reich kämpften, mischte sich der Schweiß von meiner Stirn oft mit den Tränen, die mir über die Wangen liefen. Es schien mir, als wäre ich am Ende der Welt angelangt, und ich fühlte mich vollkommen allein.

Auch heute noch fällt es mir schwer zu verstehen, wie die Bewohner dieser abgelegenen Gegenden in einer solchen Umgebung überleben können. Es gibt dort keine Wege außer den Flüssen und keine Gefährte, die auf diesen Flüssen verkehren. Dorthin gelangen keine Nahrungsmittel und keine Medikamente, keine Kleidung und kein angemessenes Schuhwerk. Man erhält dort keinerlei Informationen, denn weder das Fernsehen noch das Radio, geschweige denn die Presse erreichen diese Gebiete. Es gibt keinen Strom und keine Brennstoffe für die Zubereitung von Lebensmitteln, keine Rohstoffe außer feuchtem Holz und Palmwedeln für den Bau von Häusern, die ständigen Angriffen seitens des Kornwurms und der Termite ausgesetzt sind.

Doch dieser undurchdringliche Regenwald war nun unser Lebensraum, und es blieb uns nichts anderes übrig, als uns allen Widrigkeiten und Entbehrungen zum Trotz darin zurechtzufinden.

Ich werde nie den Tag vergessen, an dem ich zum ersten Mal einen Jaguar aus nächster Nähe sah. Der Anblick beeindruckte mich sehr, obwohl das Tier bereits tot war. In den ersten Wochen unserer Gefangenschaft gab sich der Kommandant, der damals für uns verantwortlich war, alle Mühe, uns stets in Erinnerung zu rufen, dass wir uns mitten im Urwald befanden. Und eines Morgens tauchte er mit dem blutigen Kopf eines Jaguars im Lager auf. Offenbar hatte es sich um ein großes Tier gehandelt. Und bald darauf trug der Kommandant um den Hals eine Kette, an der die Reißzähne der Raubkatze hingen.

Natürlich passte ich mich im Lauf der Monate an das Leben in dieser Umgebung an, in der ich mich ständig von Tieren belauert fühlte. An einem Abend, als gerade die Dunkelheit hereinbrach, nahm ich ein Bad in einem Fluss; in der Anfangszeit meiner Gefangenschaft erlaubten sie mir noch, das zu tun. Als ich mich nach dem Schwimmen ankleidete, hörte ich einen gellenden Schrei, gefolgt von einem Tumult. Es hörte sich an, als würden einige der Guerilleros miteinander kämpfen. Ich wunderte mich, was der Grund für den Aufruhr sein mochte.

Dann entdeckte ich eine Gruppe von Guerilleros, die mit einer riesigen Schlange rang. Das Reptil war goldfarben mit braunen Maserungen. Es war etwa sechs Meter lang und hatte einen Durchmesser von nicht weniger als einem halben Meter. Mehrere Männer hielten das Tier mit großer Mühe fest. Sie mussten die Schlange mit ihren Macheten zerhacken, so als wäre es ein Baumstamm. Ich konnte den Gedanken nicht vermeiden, dass man aus dieser Schlangenhaut so manche schöne Handtasche hätte machen können.

Die Reaktion des Kommandanten bestand darin, mir in seinem gewohnt brüsken Ton zu erklären, dass es sehr gefährlich sei, im Fluss zu schwimmen: »Für eine solche Schlange sind Sie nicht mehr als ein Happen«, sagte er.

Ich antwortete ihm scherzhaft: »Aber wenn die Schlange Sie verschlingen würde, wäre sie wohl satt, nicht wahr? Sie haben schließlich genug Speck auf den Rippen.«

Ich glaube, die Antwort gefiel ihm nicht besonders. Wie nicht anders zu erwarten, verbot er mir, weiterhin im Fluss zu baden.

Nach einer gewissen Zeit flößten mir die kleineren Schlangen, die manchmal innerhalb der Lager in den Hütten auftauchten und etwa einen Meter lang waren, keine allzu große Angst mehr ein. Doch jedes Mal, wenn jemand schrie, er habe eine Schlange gesehen, was mindestens einmal im Monat und vor allem bei Regen vorkam, durchfuhr mich ein Schreck.

Auch kleineres Getier vermochte uns zu erschrecken.

Eine unliebsame Überraschung erlebte ich eines Morgens, als ich mir die Stiefel anzog. Zum Glück hatten mir meine Eltern als Kind beigebracht, dass man, wenn man in warmen Breiten unterwegs war, Turnschuhe und Stiefel vor dem Anziehen umdrehen und kräftig schütteln musste, da Giftspinnen und Skorpione es sich sehr gerne in Schuhen gemütlich machten. Ich habe diese Regeln, die ich als Mädchen lernte, mein Leben lang strikt befolgt. Und so tat ich es auch an jenem Morgen, bevor ich den Fuß in den Stiefel steckte. Als ich ihn umdrehte, kam zu meinem Entsetzen eine etwa zwanzig Zentimeter große dunkelbraune Vogelspinne zum Vorschein. Ich habe ihre Beißzangen noch heute vor Augen.

Ich schleuderte den Stiefel weg und blieb reglos sitzen, bis die Spinne das Weite gesucht hatte. Der Schreck saß mir in den Gliedern. An einem solchen Ort hätte ich nicht einmal ein Aspirin gegen den Schmerz bekommen, geschweige denn ein Mittel, um die Wundheilung zu fördern.

Ein Fall für sich waren die Ameisen. Eines Abends – zu jener Zeit hatte sich uns bereits eine weitere Gruppe von Geiseln angeschlossen, und wir machten uns gerade daran, unser Nachtlager aufzuschlagen – spürte ich ein Knirschen unter meinen Füßen, als ich die Hängematte unter der Zeltplane aufhängte. Ich machte einen Satz zurück und stieß einen Schrei aus: Auf dem Waldboden wimmelte es von riesigen Ameisen. Die etwa drei Zentimeter großen Insekten waren schier überall. Ich hatte weder eine Taschenlampe noch ein Feuerzeug zur Hand. In meiner Verzweiflung begann ich, laut zu schreien, aber keiner meiner Mitgefangenen regte sich oder sagte etwas. Am Tag darauf begründeten sie ihre Untätigkeit damit, dass sie befürchtet hätten, die Guerilleros könnten glauben, wir zettelten eine Revolte an. Ich glaube eher, dass meine Leidensgenossen so erschöpft waren, dass sie nicht mehr zu reagieren vermochten und vollkommen apathisch waren.

Da ich nicht aufhörte zu schreien, kam schließlich ein Guerillero mit einer Taschenlampe herüber und fuhr mich an: »Clara, beruhigen Sie sich, die Ameisen tun Ihnen nichts! Legen Sie sich hin, und seien Sie still!«

Aber mein Zelt stand weniger als fünfzehn Meter vom Fluss entfernt am Rand eines steilen Abhangs, und da es bereits vollkommen dunkel war, konnte ich keinen geeigneten Schlafplatz finden. Also bat ich den Guerillero um Wasser, um die Ameisen zu ertränken, aber er hatte keines bei sich und auch kein Gefäß, mit dem ich den Abhang hätte herunterklettern können, um Wasser aus dem Fluss zu schöpfen. Darum bat ich ihn, mir wenigstens mit der Taschenlampe Licht zu geben, und holte aus meinem Rucksack, was mir zur Verfügung stand, um mich gegen die Ameisen zu verteidigen: Talkum, das ich auf den Boden streute, und Zahnpasta, mit der ich die Halteschnüre der Hängematte einschmierte. Das Talkum bewegte die Ameisen dazu, sich zu zerstreuen, und ich vermute, dass ich ihnen sogar Husten verursachte, denn ich schüttete fast die ganze Dose über ihnen aus. Als der Wärter die Taschenlampe eingeschaltet hatte, konnte ich die Tiere gut sehen: Sie waren riesig – und ich war barfuß!

In jener Nacht wagte ich nicht, mich in die Hängematte zu legen, da ich Angst hatte, die Insekten könnten zu mir heraufklettern. Am Morgen sah ich, was sie mit der Kleidung getan hatten, die ich unter der Zeltplane und an der Leine entlang aufgehängt hatte: Der Stoff war vollkommen durchlöchert. Es blieb mir nichts anderes übrig, als diese Kleidergarnitur wegzuwerfen und von nun an mit nur einer Uniform auszukommen. Die zerfressene Zeltplane musste ich flicken.

Von diesem Moment an bezeichnete ich diese Insekten nur noch als die »niederträchtigen Ameisen«. Sie griffen mich noch oft an, aber da konnte ich schon auf einige Erfahrung zurückgreifen, die es mir ermöglichte, mich gegen sie zu behaupten.

Gestern war ich mit meinem Sohn Emmanuel im Theater. Wir sahen uns ein Musical für Kinder an, in dem die Hauptfiguren einen verzauberten Wald und ein übel riechendes Gewässer durchqueren mussten. So unglaublich es scheinen mag: Alles, was in diesem Märchen wie eine verspielte Fantasie wirkte, war im Dschungel vollkommen real gewesen. Und von dort kamen mein Sohn und ich: aus dem dunklen, feindseligen Urwald.

Endlose Nächte

Während meiner Gefangenschaft im Dschungel war die Nacht nicht etwa die Zeit, in der eben das Tageslicht fehlte. Die Nacht war auch die Zeit, in der ich von Angst, Mutlosigkeit, Verwirrung und Traurigkeit heimgesucht wurde. In der Nacht war ich mit mir allein. Ich spürte die Erschöpfung und die Einsamkeit, und all die dunklen Gefühle und Gedanken ergriffen von mir Besitz.

Im Regenwald dämmert es abends gegen halb sieben. Der Einbruch der Nacht lässt sich in mehrere Phasen unterteilen. Da ist zunächst die Phase des Lärms: die Laute der Zikaden, Grillen, der Glühwürmchen, Frösche und die einer Unzahl anderer Tiere, die manchmal einen derartigen Aufruhr verursachen, dass man den Eindruck hat, sich an einem Verkehrsknotenpunkt einer Großstadt zu befinden.

Gegen sieben Uhr klingt diese Kakophonie ab, und die Dunkelheit setzt sich durch. Es wird derart finster, dass man die eigene Hand nicht mehr vor Augen sieht. Zwischen acht Uhr abends und zwei Uhr morgens herrscht Stille. Dann beginnt die Zeit der Kälte, die bis zum Morgengrauen dauert.

Jede einzelne Nacht in meiner sechsjährigen Gefangenschaft schien sich endlos hinzuziehen. Ich durchlebte Tausende Stunden der Angst, der Einsamkeit, der Verwirrung und der Traurigkeit. Dies zu beschreiben, ist einfach unmöglich. Und noch schlimmer zu ertragen waren jene schrecklichen Nächte, in denen ich kein Auge zutat, weil ich mich vor den Tieren oder einem Zusammenstoß mit dem Militär fürchtete, weil mir der Regen oder der Wind keine Ruhe ließen oder weil mich jene existenzielle Angst quälte, unter der alle Geiseln litten.

Besonders beängstigend waren die Mondnächte. Wir übernachteten praktisch unter freiem Himmel, und wie jedermann weiß, weckt das Mondlicht sehr starke Emotionen. Es versetzt uns in eine Art Delirium und verstärkt unsere Gefühle.

Etwa einen Monat nach unserer Entführung durchlebte ich eine dieser Nächte. Als ich den Mond sah, beschloss ich, mich draußen vor der Hütte auf eine Bretterbank zu setzen und den Himmel zu betrachten. Ich war zutiefst besorgt. Ingrid und ich hatten beschlossen, in der folgenden Nacht zu fliehen. Nun fürchtete ich um unser Leben. So saß ich die ganze Nacht im Mondlicht und kehrte immer wieder zu dem einen Gedanken zurück: »Das ist Irrsinn. Möge Gott uns schützen!«

Eine ähnliche Nacht erlebte ich später während meiner Schwangerschaft. Da war ich etwa im sechsten Monat und litt unter überwältigender Angst, wurde der Beklemmung einfach nicht mehr Herr. Ich verließ meinen Unterschlupf und verbrachte die ganze Nacht damit, auf einem Stuhl sitzend den Himmel zu betrachten. Im Lauf der Zeit wurde ich vernünftiger und versuchte, die schlaflosen Nächte in meiner Hängematte zu bleiben, damit mir zumindest nicht so kalt wurde wie draußen.

Was für ein Gegensatz zu den Nächten, die ich in Freiheit erleben darf! Es wundert mich, wenn ich gefragt werde, ob ich gut schlafe. Wie könnte ich nicht gut schlafen? In Freiheit ist alles eine Freude. In der Gefangenschaft waren die Nächte eine zusätzliche Belastung, die zu ertragen mir jeden einzelnen Tag schwerfiel.

Die Guerilleros

Bevor ich von den FARC verschleppt wurde, kannte ich diese Organisation wie fast alle Kolumbianer und Ausländer ausschließlich aus den Massenmedien.

Die Guerilleros werden in den Medien zumeist als schlechte Menschen dargestellt, die gefährlich und verabscheuungswürdig sind, weil sie barbarische Taten verüben und mit den Drogenkartellen im Bund sind.

Ich wusste nur wenig über ihre Ideologie, über die ich lediglich in den wenigen Artikeln von Journalisten gelesen hatte, die sich mit den herausragenden Führern der FARC beschäftigt hatten: mit dem militärischen Führer Manuel Marulanda[13] und Jacobo Arenas[14], der an der Spitze des politischen Apparats stand. Ich hatte auch einige Bücher über die Friedensbemühungen in den Achtzigerjahren und über die Versuche einer Annäherung zwischen den FARC und verschiedenen Regierungen gelesen, denn bei einigen wenigen Gelegenheiten war es gelungen, beide Seiten an den Verhandlungstisch zu bringen.

Genauer beobachtet hatte ich den letzten – inzwischen gescheiterten – Friedensprozess, der von 1998 bis 2002 gedauert und zur Einrichtung der Verhandlungszone geführt hatte. Daher muss ich eingestehen, dass ich ihnen vom ersten Augenblick an und fast bis zum Ende mit Argwohn begegnete.

Ich kann nicht sagen, dass ich Sympathie für sie hegte. Und ich wage zu behaupten, dass diese Haltung beiderseitig war, was nicht zuletzt an meiner unabhängigen Persönlichkeit, meiner Bildung und meiner Liebe zu meinem Land und meiner Familie lag.

Wir kamen kaum persönlich mit unseren Entführern in Kontakt und hatten ausschließlich mit Offizieren der mittleren Ebene sowie mit unseren Wärtern zu tun – Fußsoldaten, einfachen Menschen ländlicher Herkunft, die teilweise Indios waren und überwiegend aus den südlichen Landesteilen stammten. Sie sprachen nur selten mit uns; stattdessen beschränkten sie sich darauf, uns zu bewachen, uns zu essen zu geben und sich um unsere grundlegenden Bedürfnisse zu kümmern. Die meisten von ihnen konnten weder lesen noch schreiben, waren zwischen achtzehn und fünfunddreißig Jahren alt und wirkten überaus entschlossen. Sie hatten einen harten militärischen Drill durchlaufen und waren äußerst diszipliniert, besaßen jedoch eine sehr geringe Allgemeinbildung und wussten nichts über Kolumbien, die Welt und die Zivilisation im Allgemeinen.

Zudem handelte es sich bei den meisten dieser Guerilleros um Menschen mit geringem familiärem Halt, die sich weder ihrem Land noch mit der Gesellschaft verbunden fühlten. Es waren sogar einige Minderjährige darunter.

Es schmerzte mich sehr, Kinder zu sehen, die ein Gewehr geschultert hatten, Holz hackten, Lasten schleppten, vollkommen widersinnige Wachdienste absolvierten, kaum medizinisch betreut und sehr karg ernährt wurden und nur gelegentlich etwas Kleidung und Artikel für die Körperpflege erhielten. Sie erhielten nicht mehr als die »farianische« Ausbildung, die ausschließlich von den FARC erteilt wurde. Selbstverständlich beinhaltete diese Bildung ein hohes Maß an Indoktrinierung.*

Die Folge war, dass all diese jungen Kämpfer ihren Lebenssinn im Dienst für die FARC sahen und den Glauben verinnerlicht hatten, allein die FARC könnten eine Zukunft für sie und das Land errichten. Das galt vor allem für jene Kämpfer, die sehr jung in die Organisation eingetreten und in der Guerillabewegung erwachsen geworden waren. Sie hatten durchaus eine rasche Auffassungsgabe und jene geistige Beweglichkeit, die notwendig war, um in dieser Umgebung zu überleben. Zweifellos besaßen sie reichlich vom sogenannten »indigenen Argwohn«. Das dürfte ein Grund dafür sein, dass ihre Führer in den Friedensprozessen stets gescheitert waren, denn sie waren nicht in der Lage, der Gegenseite jenes Mindestmaß an Vertrauen entgegen-

* Anm. d. Übers.: Der Begriff *fariana* ist von FARC abgeleitet. Es gibt eine *lenguaje fariana*, eine Sprache der FARC, eine *formación fariana* usw. Die *formación fariana* besteht in einem täglichen Training der Guerilleros, das militärische Übungen ebenso wie eine politische Indoktrinierung und die Vermittlung von Verhaltensregeln beinhaltet.

zubringen, das erforderlich gewesen wäre, um die Verhandlungen voranzubringen.

Ich wurde wiederholt gefragt, ob ich während meiner Gefangenschaft Gelegenheit gehabt habe, mit Mitgliedern des Sekretariats der FARC[15] oder mit Manuel Marulanda selbst zu sprechen. Die Antwort ist Nein. Mit den wenigen Sekretariatsmitgliedern, denen ich im Dschungel begegnete, wechselte ich nur wenige Worte. Zu einem Gedankenaustausch kam es nie. Was Marulanda betrifft, so suchte er uns nie in einem unserer Verstecke auf, und soweit ich erfuhr, äußerte er auch nie die Absicht, uns zu sehen oder mit uns zu sprechen.

Wir hörten nur ein einziges Mal etwas von ihm: Im ersten Jahr unserer Gefangenschaft überbrachte uns der Mocho César einen Gruß Marulandas. Er ließ uns ausrichten, dass er hoffe, trotz der widrigen Umstände gehe es uns gut. Und er bat uns, eine kurze Botschaft auf Video aufzunehmen, die die Guerilla an unsere Familien und an die Medien schicken wollte.

Dies war der erste Beweis dafür, dass wir noch am Leben waren. Die Aufnahme wurde im Mai 2002 tief im Dschungel in Südkolumbien gemacht, wo man uns gefangen hielt. Die Bilder wurden im Juli im Fernsehen ausgestrahlt. So erfuhr meine Familie, dass ich tatsächlich noch lebte. Nach meiner Befreiung hörte ich, dass Ingrids Familie die Botschaft, die ich am Tag unserer Entführung gemeinsam mit Ingrid verfasst hatte, erst Monate später an meine Familie weitergegeben hatte. Anscheinend achteten sie eifersüchtig darauf, dass das

Rampenlicht auf sie gerichtet blieb, weshalb sie meinen Angehörigen eine Information vorenthielten, auf die sie Anspruch hatten. Es war grausam von ihnen, meiner Familie, der ein Lebenszeichen von mir in diesen Tagen der Angst so viel bedeutet hätte, meine Nachricht mit derart großer Verspätung zukommen zu lassen.

Ein Jahr später, im Mai 2003, erhielten wir Besuch von Joaquín Gómez, dem Befehlshaber des Frontabschnitts im Bezirk Caquetá. (Dort waren wir entführt worden.) Wir befanden uns zu jener Zeit bereits in einem anderen Lager. Kurz zuvor waren mehrere Geiseln, nämlich der Gouverneur des Bezirks Antioquia, sein Berater für den Friedensprozess und acht Soldaten während eines gescheiterten Befreiungsversuchs erschossen worden.[16] Gómez wollte ein weiteres Video aufnehmen, um der Öffentlichkeit zu beweisen, dass wir noch am Leben waren. Ich hatte nichts dagegen einzuwenden, denn ich sah darin eine Gelegenheit, meiner Familie eine Nachricht zu schicken, die durchaus die letzte sein mochte. Und tatsächlich sollte es die letzte Botschaft sein, die ich schicken konnte.

Zu jener Zeit hatte ich das Gefühl, dass uns die Armee dicht auf den Fersen war. Ich fürchtete, dass auch wir bald zum Ziel einer militärischen Operation werden würden. Wir waren sehr angespannt und lebten in ständiger Angst. Jahre später bestätigte ein Minister der Zentralregierung kurz nach meiner Befreiung in einem Gespräch, dass uns die Armee damals tatsächlich lokalisiert hatte und dass die Einsatzkräfte nur noch wenige

Stunden von dem Ort entfernt gewesen waren, an dem man uns festhielt.

Joaquín Gómez kam auf dem Wasserweg. Als ich ihn in einiger Entfernung aus dem Boot steigen sah, fragte ich die Guerillera, die uns das Essen gebracht hatte, ob dies Gómez sei und woher er komme. Sie bestätigte seine Identität und erklärte, dass er aus Guajira gekommen sei, einem an Venezuela angrenzenden Bezirk im Norden des Landes. Ich sah einen freundlichen Mann mit feinen Umgangsformen, wie sie für die Bewohner der Küstenregionen Kolumbiens typisch sind. Als er sich meiner Hütte näherte, bemerkte ich einen üblen Geruch und dachte: »Sieh einer an, auch solche Männer leiden in einer schwierigen Situation an Durchfall.« Dabei kamen mir die Magenbeschwerden des Libertador aus Gabriel García Márquez' Roman *Der General in seinem Labyrinth* in den Sinn.

Joaquín wurde von einem Kommandanten namens Fabián Ramírez begleitet, der sich mir vorstellte. Und dann war da noch ein Mann, der mir den Namen Martín Corea nannte.

Ich beeilte mich, Joaquín freundlich zu begrüßen: »Hallo, Joaquín, wie geht es Ihnen?«

Zur allgemeinen Überraschung antwortete er in ebenso liebenswürdigem Ton: »Hallo, Clarita.« Nachdem er auch Ingrid begrüßt hatte, ging er weiter.

Fabián und Martín Corea baten mich zurückzutreten und zu warten. Fabián fragte mich nach meiner Familie, was mich wunderte. Später begriff ich, dass er gefragt hatte, weil sie gekommen waren, um uns zu filmen und unseren Familien ein Lebenszeichen zu schicken.

Nach kurzer Zeit kehrte Joaquín zurück und gesellte sich zu Ingrid und mir. Ich weiß nicht, wie ich auf die Idee kam, aber ich fragte ihn nach dem Massaker, das sich kurz zuvor in Bojayá ereignet hatte.[17] Ich bereute sofort, das Gemetzel erwähnt zu haben, denn er reagierte verärgert, und als ich wenig später einen weiteren Vorstoß wagte und ihn bat, uns freizulassen, antwortete er mit einem kategorischen Nein, ohne dabei die Miene zu verziehen.

Diese kalte Reaktion tat mir weh, und ich zog mich mit irgendeiner Entschuldigung in meinen Unterschlupf zurück, wo ich wie ein kleines Kind so hemmungslos zu weinen begann, dass die Tränen sogar meine Bluse durchnässten.

Kurze Zeit später erschien Joaquín, um sich zu verabschieden. Ich unternahm einen weiteren Versuch: »Belastet es Sie denn gar nicht, uns als Geiseln zu halten?«

Er antwortete nicht und ging.

Eine Woche später kehrte er mit einer Kamera zurück. Sie nahmen zunächst meine Botschaft auf. Es war einer der schwierigsten Auftritte meines Lebens. Mir gegenüber stand Fabián Ramírez, der als Kameramann fungierte und seine Sache durchaus gut machte; daneben Ingrid, schräg hinter ihr Joaquín und im Hintergrund alle siebzehn Guerilleros, die uns bewachten, und all jene, die Joaquín begleitet hatten. Sie waren allesamt bewaffnet und starrten mich schweigend an.

Als ich gerade zu sprechen beginnen wollte, erhob sich Joaquín, um sich die beiden Revolver zurechtzurücken, die er am Gürtel trug. Dann setzte er ein möglichst ernstes Gesicht auf. Da er ausgesprochen schlank und ein wenig kleiner war als ich, war ihm die Uniform zu weit. Auf mich wirkte das Ganze wie eine Szene aus einem Film mit Cantinflas.[18]

Ich bat wie so oft um Gottes Beistand, und es gelang mir irgendwie, mich von dem bedrückenden Gefühl zu lösen und zehn Minuten am Stück zu sprechen. Ich nehme an, der Gedanke an meine Mutter und meine Familie gab mir Kraft. Vor allem ging es mir darum, sie meiner Zuneigung zu versichern, was ich etwa mit folgenden Worten tat: »Ich liebe Sie und werde Sie immer lieben, und mein sehnlichster Wunsch ist es, wieder bei Ihnen zu sein.«*

Jeden Morgen galt mein erster Gedanke meiner Mutter; ich rief mir in Erinnerung, was sie mich gelehrt, und dachte an die glücklichen Momente, die ich an ihrer Seite erlebt hatte. Diese Gedanken gaben mir Kraft, um im Dschungel zu überleben.

Einige Wochen später, Mitte des Jahres 2003, verlegten sie uns in ein anderes Operationsgebiet, in dem Jorge Briceño alias »El Mono«** Jojoy, ein weiteres Mit-

* Anm. d. Übers.: In Kolumbien sind die Umgangsformen sehr förmlich und höflich. Beispielsweise ist es durchaus üblich, die Eltern mit »Sie« anzusprechen, wobei dies keine persönliche Distanz impliziert. Viele Kolumbianer sprechen ihre Angehörigen oder auch ihre Partner je nach Situation mit »Du« und »Sie« an.

** Anm. d. Übers.: »Der Affe«

glied des Sekretariats der FARC, das Kommando führte. Auf dem Weg kam uns der als Jojoys rechte Hand bekannte Kommandant Martín Sombra[19] entgegen, der mir in Erinnerung geblieben ist, weil er uns die Augen verbinden ließ, bevor er Anweisung gab, uns von einem Ort zum anderen zu bringen. Sie banden uns ein Tuch vor die Augen, wenn sie uns in einem Fahrzeug transportierten, damit wir keine Möglichkeit hatten zu erkennen, wo wir uns befanden.

Martín Sombra war der Prototyp des verschlagenen Guerillero. Er war vorsichtig, misstrauisch und gehörte der alten Garde aus Marquetalia an.[20] Er war einer der wenigen Kampfgefährten der ersten Stunde, die Manuel Marulanda geblieben waren. Er musste das uneingeschränkte Vertrauen des Mono Jojoy genießen, und zweifellos war er ein erfahrener Kämpfer, denn man vertraute ihm über Jahre hinweg eine große Gruppe von Geiseln an, der achtundzwanzig Soldaten und Polizisten, drei US-Amerikaner[21] und zehn kolumbianische Zivilisten angehörten, darunter ehemalige Kongressabgeordnete, Exgouverneure und – mich eingeschlossen – vier Frauen.[22]

Einmal bereitete Martín Sombra einen Besuch seines Vorgesetzten, des Mono Jojoy, vor. Dieser besichtigte das Lager, sprach jedoch meines Wissens mit keiner der Geiseln, sondern begnügte sich damit, im Vorbeigehen einen flüchtigen Blick auf uns zu werfen. Einige Monate früher waren wir ihm schon einmal begegnet. Damals hatte er uns kurz begrüßt, und mir hatte er zu der Botschaft gratuliert, die für die Medien aufgenommen worden war: »Clara, Sie sind telegen.«

Ich sagte nichts. Seine Aussage überraschte mich, doch nach der Erfahrung mit Joaquín Gómez brachte ich nicht den Mut auf, erneut um unsere Freilassung zu bitten.

Gedanken über Anstand und Würde

Sittlichkeit ist eine Haltung, die auf Bescheidenheit und Zurückhaltung beruht. Mit dieser Haltung fügte ich mich in meine Gefangenschaft. Ich bemühte mich um Anständigkeit, die ich umfassend als Gespür für Anstand und Würde verstehe, als einen Sinn dafür, was vernünftig und was richtig ist. Ich glaube, dass mir bereits in dem Moment, da ich begriff, dass ich eine Gefangene war, klar wurde, dass es das Beste sein würde, mich in entsprechender Weise zu verhalten. Vielleicht lag es auch an meiner Erziehung.

In erster Linie nahm ich diese Haltung in Bezug auf meine eigene Lage ein, aber ich zeigte diese Einstellung auch gegenüber meiner Freundin, die zu begleiten ich mich entschlossen hatte, sowie gegenüber meinem Land, seiner Regierung und den Einrichtungen des Staates sowie im Verhältnis zu meinen Mitgefangenen.

Mit Anständigkeit meine ich, dass ich, wann immer sich eine Gelegenheit dazu bot, ausnahmslos gegenüber allen Menschen in meiner Umgebung meine Gedanken äußerte. Ich sprach von meiner Hoffnung auf eine Rückkehr in die Freiheit und drückte meinen Respekt gegenüber den Ansichten der anderen aus, auch wenn ich diese in vielen Fällen nicht teilte, sie mich teilweise sogar verärgerten oder mir lächerlich erschienen.

Ich verhielt mich stets zurückhaltend, vor allem in Bezug auf Nachrichten, auf das Leid, das wir erdulden mussten, und auf die Meinungsverschiedenheiten zwischen mir und anderen Personen. Ich bemühte mich stets um Rücksichtnahme und darum, richtig zu verstehen und abzuwägen, was an mich herangetragen wurde, bevor ich darauf reagierte.

Das Zusammenleben der Geiseln war sehr schwierig, denn wir alle litten unter der Ungewissheit und der ständigen Angst vor einem Zusammenstoß zwischen der Guerilla und der Armee, der für uns leicht den Tod bedeuten konnte. Da wir aber nun zum Zusammenleben gezwungen waren, kam es unweigerlich zu Spannungen. Es wäre nicht nur schmerzhaft, sondern auch sinnlos, an dieser Stelle im Einzelnen zu erläutern, worin die Schwierigkeiten bestanden. Es steht mir nicht zu, ein Urteil über die Haltung anderer Geiseln zu fällen, vor allem da ich viele ihrer Verhaltensweisen bis heute einfach nicht verstehe. Ich wage auch nicht, Vermutungen darüber anzustellen, welche Gedanken ihnen durch den Kopf gingen und was sie empfanden, denn ich könnte mich irren. Ich möchte mich darauf beschränken zu sagen, dass die Beziehungen zwischen den Geiseln die meiste Zeit ausgesprochen angespannt waren. Selbstverständlich hatte auch ich wie alle anderen meinen Anteil an den Problemen: Ich beging Fehler, und mehr als einmal verlor ich die Beherrschung, obwohl ich bemüht war, gelassen zu bleiben.

Dennoch glaube ich, dass ich mir mit der Haltung, die ich als Sittlichkeit bezeichne, ein gewisses Maß an Glaubwürdigkeit und Respekt sicherte, was es mir im Lauf der Zeit erleichterte, mich in der Gefangenschaft zu behaupten und eine Vielzahl zusätzlicher Schwierigkeiten zu vermeiden. Diese bescheidene Haltung gab mir ein ruhiges Gewissen und hat, wie ich hoffe, den erforderlichen Spielraum für die Aussöhnung mit meinen Leidensgenossen geschaffen.

Der Wert der Freundschaft

Freundschaft hat für mich stets größte Bedeutung gehabt. Mein vielleicht bester Freund war mein Vater. Wir erlebten gemeinsam so viele unvergessliche Momente, dass er für immer in meinem Herzen bleiben wird.

Er schärfte mir schon in frühester Kindheit den Wert der Freundschaft ein. Er war seinen Freunden stets ein guter Freund; bei seiner Beerdigung offenbarten sie mir, welch große Lücke er in ihren Herzen zurückgelassen hatte. Er war ein taktvoller, fröhlicher, uneigennütziger Mensch, der seinen Freunden großzügig seine Zeit schenkte und ihnen stets mit seinem Rat zur Seite stand.

Ich war noch ein kleines Mädchen, als mir mein Vater klarmachte, dass er nicht nur mein Vater, sondern auch ein Freund war und dies immer sein würde. Er verwöhnte mich und widmete mir Zeit – und Zeit war für ihn ein knappes, kostbares Gut. Er legte großen Wert auf eine gute Bildung. Er sorgte dafür, dass ich mich entfalten konnte, obwohl ich das einzige Mädchen neben vier älteren Brüdern war, und er bereitete mich darauf vor, mich im Leben zu behaupten. Er förderte nie meine Abhängigkeit von meinen Brüdern. Ich sollte lernen, mich allein durchzusetzen, und dabei unterstützte er mich, bis ich meinen Universitätsabschluss machte. Er war stolz und glücklich, als ich meinen ersten Halbtagsjob in einer Anwaltskanzlei fand. In meiner Zeit an der Universität war ich äußerst sparsam und legte so viel Geld, wie mir nur möglich war, zur Seite, um in den Semesterferien eine Reise zu unternehmen, und meine Eltern verdoppelten den Betrag, den ich im Lauf des Jahres angespart hatte. So konnte ich während des Studienjahrs arbeiten und in den Ferien verschiedene Orte in aller Welt kennenlernen.

Schon als Kind eröffnete mir die Freundschaft die Möglichkeit, mich anderen Menschen uneigennützig zu nähern. Wer versucht, anderen etwas zu geben, ohne dafür eine Gegenleistung zu erwarten, muss den Wert der Selbstlosigkeit verstehen – und er muss lernen, wo ihre Grenzen sind. Mein Vater sagte immer zu mir: »Clara Lety [mein zweiter Vorname ist Leticia], man begleitet seine Freunde bis zum Friedhof, aber man lässt sich nicht mit ihnen begraben.«

Vielleicht war das auch seine Methode, mich darauf vorzubereiten, dass ich mich bei seinem Tod nicht von der Trauer und dem Schmerz niederdrücken lassen durfte, sondern meinen Weg fortsetzen musste. Tatsächlich fiel es mir sehr schwer, den Verlust zu ertragen, als der traurige Augenblick tatsächlich eintrat. Als ich entführt wurde, war seit seinem Tod erst ein Jahr vergangen, und mein Herz war noch von der Trauer erfüllt. Doch der Verlust brannte mir noch tiefer ins Bewusstsein ein, was mich mein Vater gelehrt hatte. Das half mir dabei, mich der schweren Prüfung der Geiselhaft zu stellen und standhaft zu bleiben.

Als ich mich an jenem Tag entschloss, Ingrid auf ihrer Reise zu begleiten, konnte ich nicht ahnen, dass ich mich anschickte, mich mit ihr begraben zu lassen.

Als mir wirklich bewusst geworden war, was es bedeutete, entführt zu sein, fragte ich mich in den langen Nächten der Schlaflosigkeit ein ums andere Mal: Wie konnte es dazu kommen, dass ich in dieses Loch gestürzt bin? Ich musste mich mit meiner Klage an Gott wenden, denn ich fühlte mich wie David im Psalm 22: »Hunde haben mich umgeben, und der Bösen Rotte hat mich umringt. Sie haben meine Hände und Füße durchgraben ... Sie teilen meine Kleider unter sich und werfen das Los um mein Gewand ...«

Ich weiß nicht, wie oft unser Tod gemeldet wurde. Mehr als einmal sagte man meiner Mutter, ich sei nicht mehr am Leben, während ich mitten im Dschungel hockte und darüber nachdachte, was mich an diesen Ort gebracht hatte.

Es war die Freundschaft gewesen, aber ich war auch von meinen Überzeugungen dazu bewegt worden.

Ingrid und ich hatten uns kennengelernt, als wir beide im Handelsministerium arbeiteten. (Als wir uns in Gefangenschaft befanden, übernahm der damalige Handelsminister die Führung des Verteidigungsressorts und leitete in dieser Funktion auch die »Operación Jaque«.[23])

Im Ministerium waren Ingrid und ich als Beraterinnen im Bereich »Recht am geistigen Eigentum« tätig. Ich war sehr jung und stolz darauf, für mein Land arbeiten zu dürfen. In dieser Tätigkeit lernten Ingrid und ich, wie die staatliche Verwaltung funktionierte. Die Erfahrung ebnete uns den Weg zu unserer Kandidatur für den Kongress im folgenden Jahr.

Die Idee zur Kandidatur kam von Ingrid. Mir gefiel der Gedanke, sie zu begleiten und zu unterstützen. Zu jener Zeit waren wir der Öffentlichkeit vollkommen unbekannt. Doch wir nahmen die Herausforderung an, auf der Liste der Liberalen (*Partido Liberal*) bei den Parlamentswahlen anzutreten. Ingrid erhielt den ersten Platz auf der Liste, ich war eine Kandidatin im zweiten Glied.

Ingrid wurde mit den meisten Stimmen ins Repräsentantenhaus gewählt.* Dies war nicht einfach nur ein Erfolg, sondern ein regelrechter Triumph.

In jener Zeit entwickelte sich zwischen uns eine enge Freundschaft, die die Jahre überdauerte. Wir verstanden uns außerordentlich gut. Wir hatten zwar nicht immer täglich miteinander zu tun, aber wir trafen uns regelmäßig, um einen Kaffee trinken zu gehen, miteinander zu essen oder gemeinsam unsere Eltern zu besuchen. Auf diese Art pflegten wir unsere Freundschaft. Ich war nicht überrascht, als sie mich Anfang 2001 anrief und

* Anm. d. Übers.: Ingrid Betancourt war von 1994 bis 1998 Abgeordnete im Repräsentantenhaus. 1998 wurde sie in den Senat gewählt.

mir erzählte, dass sie darüber nachdenke, ihren Sitz im Senat aufzugeben und für das Präsidentenamt zu kandidieren. In meinen Augen war dieser Schritt folgerichtig. Allerdings würde es sehr schwierig werden, dieses Ziel zu erreichen.

Ingrid fragte mich, ob ich mich an ihrem Wahlkampf beteiligen wolle. Ich nahm mir zwei Monate Zeit, um über das Angebot nachzudenken. Nachdem ich einige persönliche Angelegenheiten geregelt und eine seit Langem geplante Reise nach London hinter mich gebracht hatte, schloss ich mich am 1. September 2001 ihrem Team an und übernahm die Funktion der Wahlkampfleiterin.

Zur selben Zeit gesellten sich noch einige andere Personen zu Ingrids Mannschaft. Es gelang uns, ein harmonisches und gut funktionierendes Team aufzubauen. Wir leiteten rasch verschiedene Aktivitäten und Veranstaltungen ein, die uns großen Auftrieb gaben, denn die Bevölkerung reagierte überaus positiv auf Ingrids Kandidatur. Wir stiegen rasch in der Wählergunst.

Leider war dieser Aufschwung nur von kurzer Dauer; vielen Mitarbeitern des Wahlkampfstabs war es in Wirklichkeit um die Aufstellung einer Liste für die Kongresswahlen gegangen. Als ihnen klar wurde, dass dies nicht das Ziel war, sondern dass Ingrid das Präsidentenamt anstrebte, kehrte uns einer nach dem anderen den Rücken.

Dieser Aderlass hatte sich kurz vor unserer Entführung ereignet und dazu beigetragen, die internen Spannungen in den Tagen vor jener Reise nach San Vicente del Caguán zu verschärfen.

Ich hatte die Wahlkampfleitung übernommen und damit die Aufgabe, die Finanzierung der Kampagne zu überwachen, ohne dabei die politischen Fragen außer Acht zu lassen. Ich wurde so etwas wie ein Mädchen für alles. Vielleicht ist das auch der Grund dafür, dass ich an jenem Tag auf dem Flughafen von Florencia landete, wohin ich Ingrid begleitet hatte – weil ich meine Freundin nicht im Stich lassen wollte.

Der Fluchtversuch

Ich glaube, es war der Freiheitsheld Simón Bolívar, der sagte, dass ein Mensch, der mit aller Kraft seine Freiheit herbeisehnt, schließlich frei sein wird.

Am Tag nach unserer Entführung hatten wir unsere Bewacher um eine Kunststoffmatte für ein paar Gymnastikübungen und um ein Schachspiel gebeten. Nach einigen Tagen brachten sie uns diese Dinge, die beide mehrere Zwecke erfüllten: Die Matte diente uns mitunter als Regenschutz – und da sie schwarz war, sollte sie sich auch zur Tarnung bei unserem ersten nächtlichen Fluchtversuch eignen. Mit dem Schachbrett konnten wir uns die Wachen ein wenig vom Leib halten, denn wenn wir uns damit hinsetzten, zogen sie sich zurück, da sie glaubten, wir seien beschäftigt. Doch während wir so taten, als wären wir in eine Partie vertieft, heckten wir einen Fluchtplan aus und besprachen die Einzelheiten unserer Vorgehensweise.

Wir waren noch keine drei Tage in Gefangenschaft, als wir begannen, über die Möglichkeit einer Flucht zu sprechen. Wir gaben uns gegenseitig das Versprechen, nur gemeinsam zu fliehen, sobald sich eine Gelegenheit böte. In Wahrheit war das Vorhaben verrückt, denn die Guerilleros, die uns bewachten, waren bis zu den Zähnen bewaffnet und ließen uns nicht einen Moment aus den Augen. Sie waren stolz darauf, uns bewachen zu dürfen, denn das verlieh ihnen ein gewisses Prestige bei ihren Kameraden.

In den ersten Wochen nach unserer Verschleppung wurden wir fast jeden Tag an einen anderen Ort gebracht. Der Ablauf war immer derselbe: Wir standen im Morgengrauen auf, packten unsere wenigen Habseligkeiten zusammen und brachen auf. Wir marschierten fast den ganzen Tag, bis die Guerilleros einen geeigneten Ort für ein Nachtlager gefunden hatten. An dem Ort musste es Wasser geben. Die Guerilleros mussten nicht nur unseren Lagerplatz vorbereiten, sondern auch ihr eigenes Lager aufschlagen und ein Feuer anzünden, um das Essen zuzubereiten. All diese Arbeiten verrichteten sie nach einem ermüdenden Tagesmarsch, den sie mit ihrer schweren Ausrüstung und mit den Waffen auf den Schultern zurückgelegt hatten. Daher glaubten wir, dass die Ankunft an einem neuen Lagerplatz, wo sie alles aufbauen mussten, den geeigneten Zeitpunkt für einen Fluchtversuch darstellte.

Etwa eine Woche nachdem wir verschleppt worden waren, erreichten wir einen Ort, der relativ nahe bei einer Straße lag, die wir im Vorbeigehen gesehen hatten. Es war gegen halb sieben, und die Dunkelheit brach bereits herein. Wir beschlossen, diesen Moment zur Flucht zu nutzen. Doch als wir gerade das Lager verlassen wollten, stießen wir auf eine Wache. Der Mut verließ uns. Um unsere Absichten zu vertuschen, fragten wir den Mann, wo die Latrine ausgehoben worden sei, und machten uns auf den Weg zu der Stelle, die er uns wies.

Mittlerweile war die Nacht eingebrochen, eine derart finstere Nacht, dass wir einander nicht einmal aus nächster Nähe sehen konnten. Möglicherweise wäre dies also ohnehin nicht der geeignete Zeitpunkt für eine Flucht gewesen. Wir kehrten zu unserem Unterschlupf zurück und beschlossen, unseren nächsten Ausbruchsversuch sorgfältiger zu planen. Vor allem mussten wir einen Weg finden, um uns nicht im Dschungel zu verlaufen und stets zusammenzubleiben, ohne in der Dunkelheit durch Geräusche auf uns aufmerksam zu machen.

Wir begannen, eine Liste von Dingen zusammenzustellen, die wir unbedingt mitnehmen mussten. Wir brauchten einen Strick, mit dem wir uns an den Hüften zusammenbinden konnten, zwei Plastiktüten, in denen wir zumindest eine Ersatzgarnitur Unterwäsche mitnehmen wollten, ein wenig Nahrung, um einige Tage im Dschungel zu überstehen, die wenigen Pflegeartikel, die wir besaßen (Seife, Zahnbürste und Zahnpasta), ein Seil, um Äste zu einem Floß zusammenbinden zu können, eine Taschenlampe und Batterien.

So hofften wir, dass unsere Flucht bis zum Morgen unbemerkt bleiben würde, was uns einen Vorsprung von neun oder zehn Stunden verschaffen würde. Wir beschlossen, in den olivgrünen Tarnanzügen aufzubrechen, die sie uns gegeben hatten. Unsere Jeans und Blusen würden wir mit Blättern ausstopfen, um zwei schlafende Körper vorzutäuschen, denn während der Nacht kamen die Wachen alle ein bis zwei Stunden, um nach uns zu sehen. Die Stiefel wollten wir ebenfalls zurücklassen, damit die Wärter keinen Verdacht schöpften. Wir würden uns die Turnschuhe anziehen, die wir am Tag unserer Entführung getragen hatten.

Als wir uns einen Monat in der Gewalt der Guerilla befanden, war es so weit: Wir glaubten, nun endlich zur Flucht bereit zu sein. Wir verfügten bereits über einen Strick, eine Taschenlampe, Ersatzbatterien, drei belegte Brote für jede von uns sowie einen Käse – den einzigen, den wir im Lauf unserer Entführung bekommen hatten –, Plastiktüten für die Unterwäsche, ein Hemd, das als Handtuch herhalten konnte, Schnüre zum Verschließen der Tüten sowie zwei kleine Plastikflaschen, die wir unterwegs mit Wasser füllen konnten. Die Guerilleros schleppten das Wasser üblicherweise auch nicht mit sich herum, sondern suchten während des Marsches nach geeigneten Stellen, wo sie Trinkwasser nachfüllen konnten.

Die Gürtel unserer Jeans wollten wir als Tragegurte verwenden, um die Tüten mit unserer Ausrüstung schultern zu können. Es fehlte uns lediglich eine Machete, um uns einen Weg durch die grüne Mauer zu schlagen. Ich hatte furchtbare Angst davor, unseren Bewachern eine Machete zu stehlen, da unser Plan zweifellos zum Scheitern verurteilt gewesen wäre, wenn sie das Fehlen des Messers bemerkt hätten. Aber Ingrid hielt die Machete für unerlässlich und machte sich daran, sie auf die gewagteste und unverfrorenste Art zu beschaffen. Nach dem Waschen bat sie um die Erlaubnis, zu dem Unterstand gehen zu dürfen, wo das Essen zubereitet wurde, und als die Person, die dort beschäftigt war, einen Augenblick unaufmerksam war, schnappte sie sich die Machete und verbarg sie in den gebrauchten Kleidungsstücken, die sie gewechselt hatte. Es war mehr als mühsam, das große Messer auf den folgenden Märschen versteckt mit uns zu tragen.

Nun da wir alles Nötige beisammen hatten, warteten wir auf eine Gelegenheit zur Flucht. Wir mussten bald handeln, da sich der März bereits dem Ende zuneigte und die klaren Nächte bald vorüber sein würden. In einer Nacht, in der der Mond den Dschungel beleuchtete, beschlossen wir, am folgenden Abend die Flucht zu wagen.

Am nächsten Tag verhielten wir uns vollkommen normal, um keinerlei Verdacht bei den Guerilleros zu wecken. Als die Nacht hereinbrach, zogen wir uns so früh wie möglich zurück, um die Attrappen zu füllen, die wir zurücklassen wollten.

Zu unserem Glück begann gegen neunzehn Uhr ein furchtbarer Wolkenbruch. Die Nacht wurde so finster, dass man die eigene Hand nicht mehr vor Augen sehen konnte. Doch der ohrenbetäubende Lärm des herabstürzenden Wassers spielte uns in die Hände. Daher beschlossen wir, trotz der Finsternis aufzubrechen.

Wir rückten die Attrappen zurecht und schlichen aus der Hütte. Ingrid ging vor.

Die schwierigste Aufgabe bestand darin, unbemerkt

durch den ersten Sicherheitsring der Wachen zu schlüpfen. Trotz des heftigen Regens konnten wir es nicht riskieren, Lärm zu machen. Wir krochen aus dem Unterschlupf und robbten auf dem Bauch bis zur Latrine. Wir brauchten fast eine Stunde, um die nur wenige Meter lange Strecke zurückzulegen. Ich glaube, ich habe in meinem ganzen Leben nie eine derartige Spannung erlebt. Ich wagte kaum zu atmen. Obwohl es kühl war, war ich schweißgebadet, und meine Sinne waren geschärft wie die einer Katze, die nicht nur nach vorn, sondern auch nach hinten sieht.

Wir erreichten die Latrine, ohne die Taschenlampe eingeschaltet oder das geringste Geräusch gemacht zu haben. Es regnete immer noch. Nun wagten wir endlich aufzustehen und in den Wald zu schleichen. Es war uns nicht möglich, uns zu orientieren oder die Richtung einzuhalten, und wir stießen ständig gegen Bäume und blieben im Gestrüpp hängen. Wir tasteten uns einfach dort entlang, wo wir auf die geringsten Hindernisse stießen. Ab und zu schalteten wir die Taschenlampe ein, um den Boden vor unseren Füßen zu beleuchten.

Plötzlich stolperte ich über etwas, fiel hin und rutschte eine Böschung hinunter, wobei mir ein unterdrückter Schrei entwich. Ich war vor Schreck wie gelähmt. Mit dem Bein war ich an einem Ast hängen geblieben, der mir die Haut aufgerissen hatte, aber ich war nicht ernsthaft verletzt. Wir setzten den Weg fort und wanderten weiter.

Ich weiß nicht, wie lange wir gingen. Nach einigen

Stunden waren wir vollkommen erschöpft und beschlossen, eine kurze Pause zu machen. Es regnete immer noch, und wir waren völlig durchnässt. Am Ufer eines Flusses breiteten wir die schwarze Kunststoffmatte aus und ließen uns darauf nieder.

Plötzlich hörten wir das Geräusch eines Tieres. Wir konnten nicht erkennen, um welches Tier es sich handelte, aber ich vermutete ein Krokodil, denn wir konnten zumindest erkennen, dass es über die Erde kroch. Wir schalteten die Taschenlampe ein, sahen jedoch nichts. Als wir das Licht wieder ausschalteten, begann das Geräusch von Neuem. Wir rafften unser Gepäck zusammen und liefen weiter.

Obwohl der Fluss nicht sehr breit war, wagten wir nicht, ihn zu überqueren, und so wanderten wir am Ufer entlang – ich weiß nicht, ob flussaufwärts oder -abwärts, denn in dieser vollkommen einförmigen Umgebung war dies unmöglich zu erkennen. Doch nach einiger Zeit wurde uns klar, dass sich der Fluss in engen Kurven schlängelte. Seine Ufer waren dicht bewachsen, weshalb wir kaum vorankamen. Also gingen wir wieder in den Wald hinein, um uns schneller weiterbewegen zu können.

Die Dunkelheit zog sich bereits zurück, und wir mussten ein Versteck finden. In diesem Moment hörten wir das Geräusch eines Motorbootes. Offenbar suchten sie bereits nach uns.

Wir rührten uns nicht und verharrten in atemloser Spannung. Nach einer Weile gingen wir weiter. Als es noch heller wurde, stellten wir fest, dass wir in eine ausweglose Lage geraten waren: Das schlammige Erdreich stand unter Wasser und war mit dichtem Gebüsch überwuchert, das unsere Körper umschlungen hielt und uns am Fortkommen hinderte. Wir konnten nicht erkennen, wohin wir den Fuß setzten. Abwechselnd versuchten wir, mit der Machete einen Weg durch das Gewirr von Zweigen zu hacken, aber wir kamen einfach nicht voran. Wir waren erschöpft, die Flucht aus dem Lager hatte uns emotional sehr angestrengt, und wir waren die ganze Nacht gelaufen. Wir froren, waren verängstigt und vollkommen durchnässt. In der Ferne hörten wir das Geräusch des Bootsmotors, das manchmal schwächer wurde und dann wieder näher kam.

Sosehr wir uns auch anstrengten, wir kamen nicht voran. Schließlich wurden wir von Panik ergriffen und kämpften uns zum Fluss zurück.

Und dann vergruben wir die Machete und alles andere, was wir mitgenommen hatten, in der Erde und setzten uns ans Ufer, wo wir einfach warteten, bis sie uns abholten.

Nach wenigen Minuten tauchte ein mit grünen Bananen beladener Kahn auf. An Bord befand sich ein Guerillero. Er legte an und sagte: »Der Kommandant ist fuchsteufelswild. Wie sind Sie nur auf die Idee gekommen zu fliehen? Sie hätten sterben können.«

Zweifellos sahen wir sehr schlecht aus: Wir waren durchnässt, und unsere blassen Gesichter waren von Müdigkeit und Verzweiflung gezeichnet.

Als wir ins Lager zurückkehrten, stellten wir fest, dass der Kommandant tatsächlich sehr wütend war. Uns fiel nichts Besseres ein, als um Entschuldigung zu bitten und zu versprechen, dass wir keinen weiteren Fluchtversuch unternehmen würden. Sie gaben uns einige Eimer Wasser, damit wir uns waschen konnten, und ließen uns allein. Gegen Mittag begann uns der Hunger zu quälen, und wir bekamen einige gebratene grüne Bananen zu essen. Am späten Nachmittag brachten sie uns in ein anderes Lager, wo wir einige Tage blieben.

Das Scheitern unseres Fluchtversuchs entmutigte uns. Wir hatten eine goldene Gelegenheit ungenutzt gelassen. Nachdem wir die größte Hürde überwunden und die nötige Ausrüstung beschafft, die Wachen überlistet und das Lager hinter uns gelassen hatten, war es uns nicht gelungen, den Fluss zu überqueren und uns einen Weg durch den Dschungel zu bahnen. Ich glaube, dass uns das beängstigende Geräusch jenes Tiers entmutigt hatte, das wir nicht hatten erkennen können. Und zweifellos war es uns schwergefallen, die Finsternis und den Regen inmitten des Dschungels zu ertragen, ohne zu wissen, wo wir uns befanden und wohin wir gingen.

Aber wir gaben uns nicht geschlagen und versprachen einander, es wieder zu versuchen. Und tatsächlich unternahmen wir nach wenigen Wochen einen zweiten Fluchtversuch.

Diesmal hielten wir drei Tage im Dschungel durch. Die zweite Nacht hätte uns beinahe das Leben gekostet. Als die Dunkelheit hereinbrach, bauten wir uns einen

Unterschlupf, indem wir die schwarze Matte über einige Äste legten, um uns vor dem Regen zu schützen. Wir legten uns auf den Boden und schliefen sofort ein, so erschöpft waren wir. Doch schon nach kurzer Zeit weckte uns das Geräusch strömenden Wassers. Es war nicht der Regen. Die ganze Umgebung war überschwemmt.

Wir sprangen auf und sammelten alle Habseligkeiten ein, die wir in der Dunkelheit finden konnten. Die Machete war nicht auffindbar. Das Wasser stieg rasch, und nach wenigen Minuten stand es uns bis zur Brust. Wir versuchten verzweifelt, auf einen Baum zu klettern, was uns jedoch nicht gelang. In panischer Angst flehte ich zum Himmel: »O Gott, bitte lass mich hier nicht ertrinken!«

Zu unserem Glück stießen wir in der Dunkelheit auf eine Rinne, die den Hang hinaufführte. Es gelang uns, aus dem Wasser herauszukommen und eine höher gelegene, trockene Stelle zu erreichen, wo wir bis zum Morgengrauen blieben. Doch nachdem wir diese schwere Prüfung überstanden hatten, die uns beinah das Leben gekostet hätte, scheiterten wir erneut am dichten Urwald und an unserer Müdigkeit. Wir mussten uns ein weiteres Mal eingestehen, dass es uns nicht möglich war, aus eigener Kraft aus dem undurchdringlichen Dickicht zu entkommen.

Als uns die Häscher diesmal fanden, hatten sie keinerlei Mitgefühl mehr mit uns. Wir wurden ausgesprochen roh behandelt. Die Guerilleros drohten uns mit vorgehaltener Waffe, dass sie uns töten würden, sollten wir einen weiteren Fluchtversuch unternehmen. Natürlich vertrauten sie uns jetzt überhaupt nicht mehr und gaben uns nicht einmal mehr eine Taschenlampe in die Hand. Sie beschimpften uns als »gerissene Miststücke«. Sie sprachen sehr wenig, doch jedes zweite Wort, das aus ihrem Mund kam, war nun ein unflätiges Schimpfwort. Ich antwortete ihnen, wenn wir wirklich gerissen wären, hätten wir uns wohl kaum entführen lassen.

Sie waren gezwungen gewesen, unseren erneuten Fluchtversuch zu melden und um Verstärkung zu bitten, um uns aufzuspüren. Nun wurden uns neue Wachen und ein anderer Kommandant zugeteilt, und diese Bewacher begegneten uns von Anfang an mit Ablehnung. Sie beschlossen, uns zur Strafe einen Monat lang anzuketten.

Sie legten uns jeweils eine Fußfessel an, die mit einem Vorhängeschloss an einer etwa drei Meter langen Kette befestigt war, die sie an einem Baum festmachten. So waren wir auf einen sehr geringen Bewegungsradius beschränkt. Sie banden uns nur los, um uns zur Latrine zu bringen; die übrige Zeit waren wir wie Tiere angekettet. Man nahm uns die Ketten nicht einmal während der Nacht ab. Ich hatte furchtbare Angst davor, was geschehen würde, wenn es zu einer Überschwemmung oder einem anderen Zwischenfall käme und unsere Bewacher in der Eile die Schlüssel nicht fänden.

Es war das einzige Mal während meiner Gefangenschaft, dass ich in Ketten gelegt wurde, aber dieses Erlebnis wird mir für immer in die Seele eingebrannt bleiben. Ich halte es immer noch für einen Akt der Barbarei, dass sie uns damals anketteten. Zum ersten Mal in meinem Leben wurde ich wie ein Tier behandelt. Es gibt einfach keine anderen Worte dafür.

Diese Erfahrung war ein Schock für mich; sie erfüllte mich mit Wut und verursachte mir großes Leid. Ich hatte das Gefühl, der elendste Mensch auf Erden zu sein, und diese Guerilleros schienen mir die abscheulichsten Individuen zu sein, denen man nur begegnen konnte.

Doch es gelang mir, meine Wut, meinen Schmerz und meine Niedergeschlagenheit zu beherrschen und für mich zu behalten.

Ich glaube, zu jenem Zeitpunkt begann sich meine Einstellung gegenüber Ingrid zu ändern. Ich war verärgert darüber, dass sie bei unserem zweiten Fluchtversuch am helllichten Tag beim Anblick eines Wespennests die Beherrschung verloren hatte. Ich erinnere mich noch genau an den Zwischenfall: Wir durchquerten im Schutz einer Brücke, die nicht einmal anderthalb Meter hoch war, ein ausgetrocknetes Bachbett. Da sie vorausging, blieb sie in dem Wespennest hängen. Sie lief schreiend auf den Weg hinauf, wo sie stehen blieb und versuchte, den Wespenschwarm abzuschütteln. Es konnte jederzeit jemand vorbeikommen und uns sehen.

Ich sagte ihr, sie solle aufhören zu schreien und sich derart heftig zu bewegen, da sie die Wespen auf diese Art nur noch mehr reizte. Ich forderte sie auf, langsam ihre schwarze Jacke auszuziehen, diese auf die Erde zu legen und sich zu entfernen. Als sie das getan hatte, ließen die

Wespen von ihr ab. Aber wir mussten die Jacke zurückholen. Als ich mich langsam näherte, stachen mich mehrere Wespen in die Fußgelenke, da ich nur Turnschuhe trug. Nach wenigen Stunden schwollen meine Knöchel an. Aufgrund der Schmerzen konnte ich nicht mehr normal gehen.

Die ohnmächtige Wut über unsere erneute Gefangennahme wurde dadurch verschlimmert, dass wir bei der Rückkehr in die Gefangenschaft erfuhren, dass Ingrids Vater gestorben war. Wir lasen die Nachricht in einer Zeitung, die uns unsere Bewacher überließen, und verfielen in tiefe Traurigkeit. Die Guerilleros hatten kein Mitleid und ketteten uns trotzdem an.

Da ich mich an der Kette kaum bewegen konnte, verbrachte ich viel Zeit mit Beten. Ich fragte nach einer Bibel, die ich auch erhielt. Nach dem Frühstück und dem Mittagessen, das normalerweise aus einem Agua de panela bestand, las ich laut aus der Heiligen Schrift vor, um Ingrid ein wenig von ihrer Trauer abzulenken. Sie war derart niedergeschlagen, dass ich mich gezwungen sah, ihr ins Gewissen zu reden und sie aufzufordern, um ihrer Kinder willen um ihr Leben zu kämpfen.

Wir entschlossen uns, einen neuntägigen Hungerstreik zu beginnen, um dagegen zu protestieren, dass wir in Ketten gelegt worden waren. Auf diese Art erreichten wir schließlich, dass uns die Ketten abgenommen wurden. In diesen Tagen beteten wir morgens, mittags und abends den Rosenkranz; außerdem beteten wir neun Nächte lang für die Seele von Ingrids Vater.

Sein Tod hatte auch mich tief getroffen, denn er rief mir die Trauer um meinen eigenen Vater in Erinnerung, der erst vor einem Jahr gestorben war. Ingrid versank in tiefem Schmerz, und sie leiden zu sehen, entmutigte auch mich.

Die schwer erträgliche Erfahrung jener Trauerzeit in Ketten prägte uns beide, und etwas in unserem Inneren veränderte sich. Die immer gleichen Tage verstrichen in eintöniger Traurigkeit, und die Stille bemächtigte sich unseres Lebens. Wir sprachen kaum noch miteinander. Wir sprachen lediglich über das, was wir in der Bibel lasen, aber abgesehen davon schien es nichts mehr zu geben, das wir einander mitteilen konnten.

Entfremdung von Ingrid

Unser Gemütszustand verschlechterte sich Tag für Tag. Schließlich versanken wir völlig in einer düsteren Stimmung, in der wir nur noch Verzweiflung und Traurigkeit kannten und keinen Ausweg mehr sahen.

Es gibt verschiedene Methoden, um eine schwierige Lage zu bewältigen. Wir entschieden uns, ohne uns dessen wirklich bewusst zu sein, für das Schweigen.

Ich nehme an, dass wir beide der jeweils anderen die Schuld am Scheitern der beiden Fluchtversuche gaben, aber das sprachen wir nie aus. Wir sprachen nicht einmal über die Gründe für die Fehlschläge, geschweige denn dass wir einen neuen Fluchtplan geschmiedet hätten. All der unverwundene Schmerz türmte sich zu einer Mauer des Schweigens zwischen uns, und wir erlebten, was vielen Paaren widerfährt: Wenn sie aufhören, miteinander zu sprechen, verwandeln sie sich in Unbekannte füreinander, in zwei Fremde, die nichts mehr gemein haben.

Ich erinnere mich nicht an ein bestimmtes Ereignis, das zu einem Bruch zwischen uns geführt hätte. Es kam eher zu einer fortschreitenden Entfremdung, die durch die Umstände unserer Gefangenschaft begünstigt wurde.

Ich wusste nicht, was ich Ingrid hätte sagen sollen. Sie trauerte um ihren Vater. Ich versuchte, sie aufzumuntern, indem ich sie aufforderte, mit mir in der Bibel zu lesen. Aber ich selbst war ebenfalls traurig und litt sehr. Ich kam nicht umhin zu denken, dass ich ein großes Opfer gebracht hatte, indem ich sie auf die Reise begleitet hatte. Aber was hatte es für einen Sinn gehabt, an ihrer Seite zu bleiben, wenn jetzt so eine tiefe Kluft zwischen uns bestand?

Dasselbe denke ich auch heute. Es trieb mich zur Verzweiflung, dass wir nicht verhindern konnten, dass die Brücke des Verständnisses, die uns verbunden hatte, Stein für Stein einstürzte. Als wir an einen Baum gekettet im Dschungel saßen, hatte ich das Gefühl, dass wir über einen Hang hinabrutschten, an dessen Fuß der Tod wartete.

Ich war wütend auf mich selbst, weil ich mit ihr die riskante Reise nach San Vicente del Caguán unternommen hatte. Aber ich hatte kein Recht, irgendetwas von ihr zu verlangen. Gleichzeitig fiel es mir ausgesprochen schwer, ihren Schmerz zu ertragen. Ich hatte sie stets als starke und entschlossene Person gekannt. Es verunsicherte mich, mit ansehen zu müssen, wie sie sich zunehmend aufgab. Ich glaube, sie verlor tatsächlich den Lebenswillen. Bis dahin war sie ein Vorbild für mich gewesen, aber nun verwandelte sie sich in den Inbegriff des Todes. Sie wurde völlig apathisch und verbittert. Wir konnten nicht einmal mehr über die Hölle sprechen, in der wir gefangen waren. So entstand zwischen uns eine Kluft, die wir bis heute nicht haben überwinden können.

Dazu kam, dass in der Extremsituation, in der es nichts mehr gab, das uns verband oder das wir hätten teilen können, unsere charakterlichen Unterschiede sehr viel deutlicher zutage traten. Ich denke, dass Ingrid eine sehr viel politischere Persönlichkeit besitzt: Die Menschen in ihrer Umgebung sind entweder für oder gegen sie. Ich hingegen kann anderer Meinung sein als ein anderer Mensch, ohne ihn deshalb als meinen Feind zu betrachten.

Da unser Zusammenleben praktisch unmöglich geworden war, beschloss der Kommandant der Wachmannschaft, uns voneinander zu trennen und in verschiedenen Hütten unterzubringen. Ich versuchte nicht mehr, mich ihr zu nähern, da ich eine harsche Zurückweisung fürchtete. Also wartete ich darauf, dass sie den Kontakt zu mir suchte, was sie normalerweise wenigstens einmal im Monat tat, damit wir gemeinsam einen Rosenkranz für ihren Vater beten konnten.

Die Kommandanten riefen uns immer wieder in Erinnerung, dass wir einander als Geiseln unterstützen müssten. Diese Einmischung unserer Entführer in unsere Beziehungen schien mir ebenso absurd wie unsere Unfähigkeit, unsere Unstimmigkeiten zu überwinden.

Einmal kam ich auf die Idee, meine Bewacher um ein Lexikon zu bitten, damit ich mir ein wenig die Zeit vertreiben konnte. Doch als sie es brachten, nahm Ingrid es zu meiner Verblüffung an sich und weigerte sich, es mir zu überlassen. Ich litt auch darunter, dass sie mich von dem gelegentlichen Französischunterricht ausschloss, den sie für die anderen Geiseln gab, wenn alle in einer Gruppe versammelt wurden. Es schien sie zu stören, dass ich die Zeit konstruktiv zu nutzen versuchte, eine Haltung, die ich bei ihr bislang nicht gekannt hatte. Auch die Guerilleros wunderten sich über ihr Verhalten. Sie begannen, uns die Dinge getrennt auszuhändigen, damit Ingrid mir nicht alles vorenthielt.

Ihr Verhalten lehrte mich viel über zwischenmenschliche Beziehungen. Im Lauf der Zeit wandte ich mich den übrigen Geiseln zu, wenn wir mit ihnen zusammen waren, und es wurde wichtiger für mich, wie sie unsere Lage einschätzten.

Selbstverständlich war nichts von alledem ein ausreichender Grund für das tiefe Zerwürfnis zwischen Ingrid und mir. Aber die Menschen denken und fühlen unterschiedlich. Deshalb sind die zwischenmenschlichen Beziehungen so komplex. Und in einer derart dramatischen Lage wie der, in der wir uns befanden, wird es noch schwieriger zu verstehen, was im Herzen oder im Kopf eines anderen Menschen vorgeht.

Wir durchlebten zweifellos eine schwere Zeit, und die Erinnerung an jene Erlebnisse weckt bei mir noch heute ein Gefühl der Bedrückung und Melancholie. Ich denke, dass wir unsere Lage besser hätten bewältigen müssen, so schmerzhaft sie auch war. Wäre uns das gelungen, so wären die seelischen Verletzungen, die wir davontrugen, möglicherweise schon verheilt.

Doch von diesem traurigen Kapitel meines Lebens ist heute nur noch die Erinnerung an eine düstere Zeit übrig.

Einsamkeit in der Gefangenschaft

Als ich mich nach der Trennung von Ingrid erstmals allein in einer Hütte wiederfand, veränderte sich mein Leben in Gefangenschaft grundlegend.

Zunächst musste ich mich nun so gut wie möglich allein zurechtfinden, was mich an mein früheres, an mein unabhängiges Leben erinnerte. Sodann hatte ich nun einen eigenen Raum, was mir half, mich ein wenig zu entspannen. Und dann war da die Einsamkeit. Ich fühlte mich stark genug, um sie zu ertragen, aber es stellte sich heraus, dass dies eine immens schwere Prüfung war.

Ich machte mich sofort daran, meinen eigenen Tagesablauf zu gestalten, was unerlässlich war, um diese Situation zu bewältigen. Ich stand um vier Uhr morgens auf, ging zur Latrine, wusch mich, kehrte zur Hütte zurück und räumte sie auf. Mittlerweile hatten mir die Guerilleros ein kleines Radiogerät überlassen. Das Signal war sehr schwach, doch gegen sechs Uhr morgens empfing ich die Sendung einer Radiostation, die sich in Doncello im Bezirk Caquéta im Süden des Landes befand. An manchen Tagen konnte ich sogar die Zusammenfassung der nationalen Nachrichten im Lokalradio hören.

Gegen Viertel nach sechs holte ich mir den schwarzen Kaffee, den wir bei Tagesanbruch erhielten. Anschließend kehrte ich in meine Hütte zurück, wo ich die wenigen Zeitschriften las und wieder las, die man uns gab. Gegen halb acht brachte man mir das Frühstück. Nach dem Essen ging ich ein bis zwei Stunden in meiner Hütte auf und ab, und manchmal blieb ich bis zum Mittagessen sogar vier Stunden in Bewegung. Beim Gehen betete ich den Rosenkranz und dachte über verschiedenste Dinge nach. Ich machte mir viele Gedanken darüber, wie mein Leben aussehen würde, wenn ich erst wieder in Freiheit wäre. Nach dem Mittagessen wusch ich das Geschirr ab, putzte mir die Zähne und ruhte ein wenig aus.

Gegen vierzehn Uhr ging ich erneut ein wenig auf und ab oder beschäftigte mich mit einer Stickerei. Etwa um sechzehn Uhr legte ich meine Kleidung zurecht, denn um diese Zeit kam immer eine Guerillera – dieselbe, die mir das Essen brachte –, um mit mir zum Fluss zu gehen, wo ich schwimmen ging. Ich liebte es, mit kräftigen Armzügen gegen den Strom zu schwimmen und mich anschließend ein Stück stromabwärts treiben zu lassen.

Dies war der schönste Augenblick des Tages. Wenn ich mich von der Strömung davontragen ließ, fühlte ich mich frei. Ich lag mit ausgebreiteten Armen auf dem Rücken im Wasser und sah zum Himmel hinauf. Das Schwimmen gab mir neue Energie und half mir, mich in guter körperlicher Verfassung zu halten. Damals war ich noch keine vierzig Jahre alt und gut in Form. Ich war schlank, und mein Gesicht war noch durchaus jugendlich. Doch die täglichen Augenblicke der Freiheit im Fluss endeten, nachdem jene Riesenschlange aufgetaucht war. Daraufhin wurde mir das Schwimmen verboten.

Gegen siebzehn Uhr war ich wieder angekleidet und bereit für das Abendessen. Diese Mahlzeit bestand normalerweise aus Agua de panela und einer Cancharina, einem aus Weizenmehl, Zuckerrohrmelasse und Öl gemachten Kuchen. Nach dem Essen wusch ich wieder das Geschirr ab und bürstete mir die Haare. Damit waren meine täglichen Aktivitäten beendet. Damals wusste ich noch nicht, wie die Radioantenne zu installieren war, weshalb ich um diese Tageszeit keinen einzigen Sender empfangen konnte. Da es gegen neunzehn Uhr dunkel wurde, kroch ich um diese Zeit unter mein Moskitonetz.

Ich vereinsamte rasch. Ich verbrachte viele Stunden des Tages, ohne ein einziges Wort zu sagen. Die einzige Person, mit der ich einige Worte wechselte, war die Guerillera, die mir das Essen brachte. Ich aß stets allein und hatte niemanden, mit dem ich über die Nachrichten sprechen konnte, die ich morgens im Radio gehört hatte. Da es auch keine Zeitungen gab, fühlte ich mich vollkommen von der Welt abgeschnitten. Den Großteil der eintönigen Tage verbrachte ich in absoluter Einsamkeit. Manchmal lag ich die ganze Nacht wach, und wenn es regnete, beschlich mich die Angst, der nahe Fluss könne über die Ufer treten. Jedes Mal, wenn ich mich waschen ging, prüfte ich den Wasserstand. Wenn ein Gewitter losbrach, fürchtete ich mich sehr, denn im Dschungel waren Blitz und Donner von besonderer Gewalt. Ich glaube fast, dass sie genauso schrecklich klangen wie ein Bombardement durch die Armee.

Ich versuchte, der Einsamkeit zu trotzen und mich aufzumuntern. Ich zählte die Tage, um stets das Datum zu kennen, obwohl auch das manchmal schwierig war, da im Dschungel in der Nähe des Äquators ein Tag wie der andere ist.

Ich war in einer Welt der Stille gefangen. Ich sprach so selten mit anderen Menschen, dass ich es nicht mehr gewohnt war, dass jemand das Wort an mich richtete. Eines Tages – ich wusch gerade meine Wäsche – trat der Kommandant an mich heran, um mir etwas zu sagen, aber ich ging weiter meiner Beschäftigung nach und reagierte überhaupt nicht auf seine Gegenwart. Er trat näher an mich heran und rief mich mehrfach beim Namen. Da ich ihm nicht antwortete, verlor er schließlich die Geduld und schrie meinen Namen heraus: »Claraa!«

Ich war vollkommen geistesabwesend gewesen. Der Schrei riss mich aus meinen Gedanken, und ich sah den Kommandanten überrascht an. Ich entsinne mich nicht, was er wollte. Aber ich erinnere mich an diese vollkommene Isolation, zweifelsohne eine Form von seelischer Folter.

Diese Art der Gewalt ist schwer nachzuvollziehen, wenn man sie nicht selbst erlebt hat. Ich hatte das Gefühl, nicht mehr wie ein menschliches Wesen behandelt zu werden.

Ich frage mich noch heute, woher ich die Kraft nahm, all dies durchzustehen. Ich war in der Geborgenheit einer liebevollen Familie aufgewachsen. Als jüngstes Kind und einziges Mädchen war ich der Schützling der ganzen Familie und der Liebling meines Vaters gewesen. Ich hatte mich stets geliebt gefühlt und fühlte mich auch nach meinem Jurastudium weiterhin in meiner Familie geborgen. So fiel es mir besonders schwer, die völlige Isolation in der Gefangenschaft zu ertragen. Die Einsamkeit fraß mich innerlich auf.

Offenbar bemerkte das sogar der Kommandant, denn wenig später kam er auf die Idee, eine Laufstrecke abzustecken, damit ich trainieren konnte. Dieser kleine Rundkurs hatte etwa die Form eines Sechsecks. An einer Seite brachten sie einige Geländer und Bretter an, damit ich Kniebeugen machen konnte. Dort trainierte ich nun jeden Tag gegen sechzehn Uhr, bevor ich mich waschen ging.

Ich bin vollkommen sicher, dass sich jener Kommandant und die Männer und Frauen, die seine Befehle ausführten, des Schadens bewusst waren, den sie mir zufügten. Sie wussten, wie sehr ich litt. Und tatsächlich bat mich der Kommandant Monate später, bevor wir mit einer anderen Gruppe von Geiseln zusammengelegt wurden, im Namen seiner Organisation um Verzeihung.

Im Hungerstreik

Der Mensch lebt nicht vom Brot allein.

Ich hatte eine tägliche Routine entwickelt, die es mir ermöglichte, mich in guter körperlicher Verfassung zu halten. Aber mein Geist, mein Herz und meine Seele waren bei meiner Familie.

Wir wurden ausreichend ernährt. Im Allgemeinen waren die Mahlzeiten nicht schlecht zubereitet, vor allem wenn man bedenkt, wie knapp die Lebensmittel waren und wie schwer es war, unsere Lager inmitten des Dschungels zu versorgen. Aber in der Einsamkeit und Isolation verlor ich den Appetit, besonders wenn ich niedergeschlagen war. Auch verspürte ich keine Freude am Essen, da ich in jener Zeit niemanden hatte, mit dem gemeinsam ich die Mahlzeiten hätte einnehmen können.

Unter diesen Bedingungen fiel es mir relativ leicht, eine Fastenzeit von fast einundzwanzig Tagen zu beginnen. Ich nahm lediglich zum Frühstück einen Maiskuchen und ein wenig Agua de panela zu mir. Ich befand mich bereits ein Jahr in Geiselhaft und glaubte, etwas tun zu müssen, um gegen meine Lage zu protestieren. Also hörte ich am 2. Februar 2003 zu essen auf und fastete bis zum 22. Februar, dem Vorabend des ersten Jahrestags unserer Entführung. In der ganzen Zeit hatte ich nichts von meiner Familie gehört, keine einzige Nachricht von ihnen erhalten, und in den wenigen Nachrichten, die ich im Radio über die Geiseln der FARC hörte, war nie von mir die Rede gewesen. Es schien, als hätte der Dschungel sogar die Erinnerung an mich verschluckt.

Dies war der zweite ernsthafte Hungerstreik während meiner Gefangenschaft. Der erste, den ich wenige Monate nach der Entführung gemeinsam mit Ingrid begonnen hatte, hatte neun Tage gedauert und die Guerilleros dazu bewegt, uns die Ketten abzunehmen. Einige Zeit später hatte ich einen weiteren Versuch unternommen, aber meine Willenskraft hatte nur für wenige Tage gereicht.

Die ersten drei Tage beim Fasten sind – zumindest für mich – die schwierigste Zeit. Um nicht zusammenzubrechen, muss man sich auf andere Dinge als das Essen konzentrieren. Wenn man beginnt, an die Nahrung zu denken, schwinden rasch die Kräfte.

Was motivierte mich zum Fasten? Nun, ich spürte ein tiefes Bedürfnis, Gott näher zu sein. Um es mit der Bibel zu sagen, fühlte ich die Notwendigkeit, seine Aufmerksamkeit zu wecken, seine Barmherzigkeit zu gewinnen, seinen Schutz und seine Führung zu suchen. Ich gelangte zu dem Schluss, dass es irgendeinen Grund dafür geben musste, dass ich in diese Lage geraten war. Ich wollte aus dieser bitteren Erfahrung etwas lernen, ich wollte sie nutzen, um mich als Mensch weiterzuentwickeln.

Indem ich hungerte, erreichte ich mehrere Dinge: Es gelang mir, meine Willenskraft zu festigen und mich von den materiellen Dingen zu lösen. Außerdem hatte das Fasten einen praktischen Nutzen: Indem ich hungerte, brachte ich die Kommandanten in eine schwierige Lage, denn sie hatten die Anweisung, nicht zuzulassen, dass ich verhungerte. Es blieb ihnen nichts anderes übrig, als sich mit meinem Fasten abzufinden, aber sie sahen darin einen Akt der Rebellion gegen sie – tatsächlich war es das auch –, einen Akt des Ungehorsams, der den geordneten Ablauf des Lagerlebens störte.

Ich hatte Gelegenheit gehabt, die internen Regeln der Guerilla zu studieren, und wusste, dass die Angehörigen der Organisation verpflichtet waren, die Religion und den Glauben ihrer Gefangenen zu respektieren. Um Repressalien zu vermeiden, erklärte ich, aus religiösen Gründen zu fasten, was sie zähneknirschend akzeptieren mussten. Ich teilte ihnen jedes Mal mit, wann ich mit dem Fasten beginnen und aufhören wollte. So ging ich eine doppelte Verpflichtung ein: Ich musste das Fasten beginnen und unbedingt auch wieder beenden. Während ich fastete, stellten sie mir weiterhin das Essen hin, damit niemand die FARC beschuldigen konnte, mir die Nahrung vorzuenthalten.

Als wir bereits mit den anderen Geiseln zusammengelegt worden waren, ließ ich meine Ration im Topf, für den Fall, dass einer meiner Mitgefangenen noch Hunger hatte. Ich hatte als Kind gelernt, keine Nahrung zu vergeuden, weshalb es mir unangemessen schien, mir den

Teller anzuhäufen, um das Essen anschließend wegzuwerfen.

Einen weiteren neuntägigen Hungerstreik begann ich, als mein Sohn Emmanuel drei Monate alt war und die Guerilla versuchte, ihn von mir zu trennen. Ich bot das Fastenopfer der Jungfrau Maria dar und erreichte zumindest, dass mich die Guerilleros mein Kind wieder sehen ließen. Als sie mich im Jahr 2005 endgültig von ihm trennten, fastete ich bis zu meiner Befreiung alle sechs Monate neun Tage.

Was erreichte ich damit? Anscheinend nicht viel. Doch zumindest hatte ich das Gefühl, dass ich die Guerilleros auf diese Art entschieden und zugleich respektvoll darauf hinwies, dass das, was sie taten, falsch war.

Das Fasten ist immer eine zermürbende Erfahrung, doch im Dschungel war es besonders schwierig, da jeden Augenblick der Befehl zum Aufbruch kommen konnte, um zu einem anderen Lager zu marschieren. Wenn man durch den Mangel an Nahrung geschwächt ist, wird ein stundenlanger Marsch zu einer übermenschlichen Anstrengung. Dazu kommt, dass die Nahrung in der Gefangenschaft, in der es an materiellen Gütern mangelt, größere Bedeutung erhält als im normalen Leben. Ich lernte viel, indem ich aus freiem Willen darauf verzichtete, Nahrung zu mir zu nehmen. Ich lernte mich selbst und mein Wesen besser kennen, aber das Fasten lehrte mich auch viel über die Menschen, die mich umgaben.

Als ich mit anderen Geiseln zusammen war, stellte ich fest, dass ihr Respekt mir gegenüber wuchs, als ich fastete. Dasselbe galt für die Guerilleros, für die das Essen grundlegende Bedeutung hatte. Es war mir klar, dass meine Haltung unsere Bewacher sehr beeindruckte. Nachdem ich wieder in Freiheit war, erklärten mir mehrere katholische Geistliche, dass sie mich dafür bewunderten, dass ich ausgerechnet in der Gefangenschaft, in der das Leben ohnehin sehr schwierig ist, auf die Nahrung verzichtet hatte.

Diese Erfahrung brachte mich Gott näher, als ich mir je hätte vorstellen können. Ich hatte einige unerklärliche Träume, die in mir die Hoffnung weckten, dass ich irgendwann meinen Sohn wiedersehen und die ersehnte Freiheit wiedererlangen würde.

In den letzten drei Monaten der Gefangenschaft war ich von einem unerklärlichen inneren Frieden und von großer Gelassenheit erfüllt, und ich hegte einen unerschütterlichen Glauben an die Befreiung.

Selbstverständlich hinterließ das Fasten Spuren. Besonders schwer getroffen wurde mein Magen, und seit damals leide ich an Gastritis. Ich litt mehrfach unter starken Magenschmerzen, Fieber und Schüttelfrost. Auch heute noch habe ich gelegentlich Beschwerden. Doch ich habe das Gefühl, dass mein Glaube dadurch gefestigt wurde, dass ich meinem Herz gehorchte.

Kraft aus dem Glauben

Der Glaube ist eine Tugend. Er ist tiefgründig und schwer zu erklären. Es bedarf mehrerer Elemente, um den Glauben zu erreichen, nämlich eine Bereitschaft des Herzens sowie eine bestimmte geistige und seelische Einstellung. Sind diese gegeben, so ergibt sich alles von selbst.

»Es ist aber der Glaube eine gewisse Zuversicht des, das man hofft und ein Nichtzweifeln an dem, das man nicht sieht ... Aber ohne Glauben ist's unmöglich, Gott zu gefallen; denn wer zu Gott kommen will, der muss glauben, dass er sei und denen, die ihn suchen, ein Vergelter sein werde.« (Hebräer 11, 1 und 6)

Wie entwickelte ich diese Tugend? Nach meiner Geburt wurde ich getauft und in die katholische Glaubensgemeinschaft aufgenommen. Ich ging auf eine Nonnenschule eines spanischen Ordens, nahm zwölf Jahre lang regelmäßig an der Messe teil und besuchte den Religions- und den Katechismusunterricht. Ich schloss mich einer religiösen Mädchengruppe an, die gelegentlich Bergwanderungen in der Umgebung von Bogotá unternahm; wir beteten den Rosenkranz und fasteten kurze Zeit, ein Opfer, das wir der Jungfrau Maria darbrachten. Auch nach meinem Eintritt in das Colegio Mayor de Nuestra Señora del Rosario, eine sehr traditionelle Universität in Bogotá, besuchte ich gelegentlich die Messe.

Wie eine große Zahl von Kolumbianern war ich eine praktizierende Katholikin. Aber erst während meiner Geiselhaft wurde mein Glaube wirklich auf die Probe gestellt und erlangte eine nie für möglich gehaltene Bedeutung in meinem Leben. In den sechs Jahren der Gefangenschaft hielt mich der Glaube an jedem einzelnen Tag am Leben, und ich bin davon überzeugt, dass ich jenen Albtraum ohne meine tiefe Religiosität nicht überlebt hätte.

Schon in den ersten Tagen der Gefangenschaft entschloss ich mich, alles, was da kommen möge, vorbehaltlos anzunehmen, und beschränkte mich darauf, Gott zu bitten, mir Kraft zu geben, um diese Prüfung zu bestehen. Und anders als einige Gefangene, die in ihrer Verzweiflung so weit gingen, den Selbstmord als Möglichkeit in Erwägung zu ziehen, um dieser Hölle zu entkommen, dachte ich keinen Augenblick daran, mir das Leben zu nehmen. Das Dasein ist ein Geschenk Gottes; der Mensch hat kein Recht, darüber zu verfügen.

Ich hatte seit geraumer Zeit das Bedürfnis, die gesamte Bibel kennenzulernen, und die Geiselhaft eröffnete mir eine Gelegenheit dazu, denn nun hatte ich alle Zeit der Welt für das Studium der Heiligen Schrift. Die Guerilleros zögerten keinen Augenblick, mir eine Bibel zu beschaffen; sie hinderten die Geiseln tatsächlich nie daran, ihren Glauben zu praktizieren.

Wenige Wochen nachdem ich darum gebeten hatte, übergab man mir eine Bibel, die ich nun systematisch zu studieren begann. Ich nahm mir vor, jeden Tag eine bestimmte Zahl von Seiten zu lesen, und im Schnitt las ich sieben bis acht Stunden. Nach einem Monat hatte ich die Lektüre abgeschlossen, eine Leistung, die mich mit Stolz erfüllte. Ich fühlte mich, als hätte ich eine Reise durch exotische Länder hinter mich gebracht, eine Reise von der Art, wie man sie nur einmal im Leben macht.

Diese Bibel verlor ich, als wir eines Tages übereilt das Lager verlassen und unsere gesamten Habseligkeiten zurücklassen mussten. Es blieb mir lediglich ein Exemplar des Neuen Testaments, das mir einer der Armeeangehörigen schenkte, denen ich in der Gefangenschaft begegnete. Dieses Buch hütete ich bis zum Tag der Befreiung. Ich fertigte sogar einen Schutzumschlag aus Stoff an, den ich mit Zahnpasta einschmierte, um Ameisen und andere Insekten fernzuhalten.

Ich las regelmäßig darin, wobei ich diesmal einzelne Stellen oder Verse herausgriff, die mich besonders interessierten. Besondere Freude machten mir die Gleichnisse, was möglicherweise daran lag, dass man mir schon als Kind eingeschärft hatte, mich gründlich mit ihnen zu beschäftigen. Drei Gleichnisse erlangten während der Gefangenschaft besondere Bedeutung für mich: Da war zum einen dasjenige von den Talenten, denn es war mir bewusst, dass man, wenn man ein Licht im Herzen hat, auch anderen den Weg beleuchten muss. Dann war da das Gleichnis vom verirrten Schaf, das mir wichtig war, weil die FARC in meinen Augen das verirrte Schaf verkörperten, das von der Herde der menschlichen Gemeinschaft abgekommen war. Wir müssen den Guerilleros klar machen, dass sie die grundlegenden Menschenrechte respektieren müssen, darunter das Recht auf Leben und das Recht auf Menschenwürde. Daher begrüße ich es, dass die gegenwärtige Regierung[24] den Guerilleros Gegenleistungen für die Freilassung ihrer Geiseln anbietet und ihnen die Möglichkeit eröffnet, der Gewalt abzuschwören und ein neues Leben zu beginnen.

Ich musste auch oft an das Gleichnis von der Hochzeit zu Kanaan denken, denn es war mir klar, dass ich mich in einer gefährlichen Lage befand und jeden Augenblick das Leben verlieren konnte. So entwickelte ich im Lauf der Wochen, Monate und Jahre eine größere Duldsamkeit. Ich fand mich mit meiner Lage ab und lernte die Wirklichkeit zu verstehen, in der ich nun lebte. Es blieb mir nichts anderes übrig, als mich in Geduld zu üben. Genau diese Tugend versuche ich heute auch meinem Sohn Emmanuel zu vermitteln. Für ihn und für seine Generation schreibe ich dieses Buch. Ich hoffe, dass er es lesen und seine Botschaft verinnerlichen wird, wenn er älter wird. Ein Mensch muss unbedingt lernen, Geduld zu haben, denn nur so kann er seine Persönlichkeit entwickeln und im Lauf der Zeit das Beste aus seinem Wesen herausholen – wie bei der Hochzeit zu Kanaan, wo der beste Wein bis zuletzt aufgespart wird.

Abgesehen von der Lektüre der Bibel und vom Beten des Rosenkranzes vertiefte ich mich auch mit Hingabe ins Gebet, denn ich war davon überzeugt, dass der Allmächtige mich in der Weite des Himmels oder in der Tiefe des Dschungels hörte. Am liebsten betete ich in den frühen Morgenstunden, wenn rund um mich völlige Stille herrschte. Niemand bemerkte mein Gebet, und dies schien mir in jenen finsteren Nächten die angenehmste Art, meine Zeit zu verbringen. Ich konnte mich sammeln und Gott nahe fühlen. Es war, als könnte ich ihm wie meinem Vater oder einem anderen geliebten Menschen direkt ins Ohr sprechen.

Während ich mich wusch, sang ich manchmal zur Jungfrau Maria und wiederholte die Lieder, die ich in der Schule gelernt hatte. Kaum eines war mir zur Gänze in Erinnerung geblieben, aber das war ohne Bedeutung, denn beim Singen hatte ich das Gefühl, dass sich mein Geist erhob und für kurze Zeit der Not entkam.

Manchmal begann ich bereits um fünf Uhr morgens sofort nach dem Aufwachen zu singen. Es war noch dunkel, aber ich sang zur Jungfrau Maria: »Auf deinem Weg durch das Leben wirst du nie allein sein. Kämpfe für eine neue Welt, kämpfe für die Wahrheit. Komm, und begleite uns, heilige Maria, komm. Komm, komm, und begleite uns!« Ein weiteres Lied, das mir sehr gefiel, ging so: »Jesus Christus weckte meine Unruhe, sein Wort erleuchtete mich. Ich konnte die Welt nie wieder sehen, ohne zu fühlen, was Jesus fühlte.«

Ich weiß, dass mich die Armeeangehörigen, die im selben Lager festgehalten wurden, gerne singen hörten, denn so fühlten sie sich weniger allein. Die Guerilleros ließen mich im Allgemeinen gewähren. Natürlich gab es immer wieder den einen oder anderen, der sich gestört fühlte, und gelegentlich pfiff sogar jemand zum Zeichen des Protestes, aber sie beruhigten sich auch wieder.

Einmal sprach mich ein junger Guerillero an, der wohlerzogen und anständig wirkte: »Clara, zu wem singen Sie denn da?«

»Zu meinem Vater, dem Herrn«, antwortete ich, denn man hatte mich gelehrt, Gott wie meinen Vater zu lieben.

»Gäbe es Gott«, gab er zurück, »so wären Sie sicher nicht hier gefangen.«

Ich erwiderte, dass ich nicht durch Gottes Willen, sondern durch den Willen seiner Kommandanten eine Gefangene sei und dass diese Leute keine Ahnung hätten, welches ihr Platz in der Welt sei. Und ich sagte ihm, sollte er jemals Hilfe brauchen, wozu es zweifellos irgendwann kommen werde, so solle er den Herrn bitten, ihm den Weg zu weisen.

Im Jahr 2006 erhielt ich ein Radiogerät, mit dem ich Kurzwellensender empfangen konnte. Nun hatte ich die Möglichkeit, nachmittags das Internationale Katholische Radio zu hören. Es gab dort ein Katechismusprogramm für Kinder. Da ich zu jener Zeit sehr viel über die Kinder nachdachte, war dies genau der richtige Sender für mich. Ich konnte auch die Stimme von Papst Johannes Paul II. hören, was mich tief berührte, denn ich hatte große Zuneigung zu ihm gefasst. Es gefiel mir, dass er Sportler gewesen war, und als er vor etwa zwanzig Jahren Kolumbien besucht hatte, hatte ich an der von der kolumbianischen Jugendbewegung organisierten Begrüßungsfeier teilgenommen. Auch hatte ich mehrere seiner Bücher gelesen. Daher rührte es mich, als ich seine Stimme hörte; es kam mir wie ein Wunder vor, dass das in jenem verlassenen Winkel inmitten des Urwalds möglich war.

Außerdem informierte der katholische Sender über die Aktivitäten des Papstes, die ich mit großem Interesse verfolgte. Sein Tod machte mich traurig, und noch heute erinnere ich mich wie viele Katholiken in aller Welt mit Zuneigung an ihn.

Nach dem Tod Papst Johannes Pauls II. verfolgte ich die Schritte seines Nachfolgers Benedikt XVI. Eines der ersten Bücher, die man mir nach der Befreiung schenkte, war sein Werk über Jesus von Nazareth. Ich las es, während ich mich von einer Operation erholte; besonders fesselte mich die Auseinandersetzung mit der Frage der menschlichen Freiheit. Das Böse hat seinen Ursprung nach der Einschätzung des Heiligen Vaters darin, dass der Mensch seinen freien Willen schlecht einsetzt. Ich übertrug diese Analyse auf den konkreten Fall der FARC, die in meinen Augen zumindest verantwortungslos waren, denn man sollte die Freiheit nie missbrauchen, um andere Menschen mit Waffengewalt zu unterjochen, zu verschleppen und als Geiseln zu halten.

Als ich erfuhr, dass ich schwanger war, flehte ich Gott in einer jener finsteren Nächte an, mein Kind zu retten. Ich segnete das Baby in meinem Bauch und vertraute es der Jungfrau Maria als ein Kind des Lichts an. Als es geboren war, machte ich mir große Sorgen um die Taufe, und als ich einmal allein mit ihm war, segnete ich es mit ein wenig Wasser und gab ihm den Namen Emmanuel. Und zu den ersten Dingen, die ich nach der Befreiung tat, zählte ein Gang in die Kirche, um den Jungen taufen zu lassen und ihn Gott anzuvertrauen, damit das Kind nicht einen Augenblick ohne seinen Schutz leben musste.

Ich habe oft das Gefühl, in einem Traum zu leben, wenn ich jede Nacht vor dem Schlafengehen gemeinsam mit meinem Sohn zu seinem Schutzengel bete.

Während der Gefangenschaft wankte ich nicht einen Augenblick in meinem Glauben an Gott und sein Erbarmen. Ich werde auch nie vergessen, dass überall in der Welt Tausende Menschen täglich für mich und meinen Sohn beteten. Jeden Tag begegne ich Menschen, die mir sagen, dass sie mich damals in ihre Gebete einschlossen. Vor einigen Wochen trat ein reizendes Mädchen von etwa acht Jahren an mich heran, um mir eine kleine Medaille der Jungfrau von Guadalupe zu schenken. Sie sagte: »Clara, ich möchte, dass Sie wissen, dass meine

Familie und ich viele Tage für Sie gebetet haben und dass wir glücklich darüber sind, dass Sie wieder mit Ihrem Sohn Emmanuel zusammen sind. Gott schütze Sie, heute, morgen und alle Tage.«

Ungewissheit und Angst

Die neben der Einsamkeit schlimmsten Feinde, die ein Entführungsopfer täglich mit aller Kraft bekämpfen muss, sind die Ungewissheit und die Angst. Die quälende Ungewissheit rührt daher, dass die Geisel nichts darüber erfährt, was mit ihr geschehen wird. Die Angst ist ein Zustand der ständigen Erregung und Beklemmung, der die Geisel keinen Augenblick zur Ruhe kommen lässt.

Auch im normalen Leben geschehen unvorhergesehene Dinge, die einen Menschen erschüttern und ängstigen, etwa der Tod eines geliebten Menschen, der Verlust der Arbeit oder der Umzug in eine andere Stadt. Nun stelle man sich die Angst vor, die ein Mensch empfindet, der in einem Augenblick alles verliert, absolut alles. Während der Geiselhaft ist nichts gewiss, weder das Essen noch der Ort, an dem man die kommende Nacht verbringen wird. Man kann nie genau wissen, was man am nächsten Tag tun wird, ja man weiß nicht einmal, ob man ihn erleben wird. Einem Menschen, der verschleppt worden ist, wurde plötzlich alles weggenommen, einschließlich der Menschen, die er liebt. Das Leben, das er bis dahin geführt hat, kommt vollkommen zum Stillstand. Er verliert jegliche Kontrolle über sein Handeln und hat keinen Einfluss mehr auf das, was in seiner Umgebung geschieht. Das Einzige, was ihm bleibt, ist seine Persönlichkeit. Er ist mit sich allein. Sonst ist ihm nichts geblieben.

Diese Situation erzeugt ein Höchstmaß an Erregung, Unruhe und Beklemmung. Und wenn dieser Zustand der umfassenden Ungewissheit wie in meinem Fall mehrere Jahre andauert, wird das Leid unvorstellbar.

Ein Entführungsopfer hat zwei Möglichkeiten: Es kann auf den Tod warten oder um sein Leben kämpfen. Entscheidet man sich für den Kampf ums Überleben und gegen den Wahnsinn und den Tod, so muss man Tag für Tag unermüdlich an sich arbeiten, um sich zu behaupten. Man muss kreativ sein und die wenigen verfügbaren geistigen oder materiellen Mittel nutzen.

Im Lauf der Jahre machen sich die kleinen, aber stetigen Bemühungen bezahlt. Selbstverständlich durchlebt man Phasen der Traurigkeit und der inneren Unruhe, in denen man kämpfen muss, um die Tränen zurückzuhalten. Das gelingt nicht immer, aber das Entscheidende ist, dass diese Phasen so selten werden, dass man auf Dauer so stabil wie möglich wird. Um das zu erreichen, muss sich der Gefangene sehr bemühen. Wie es in dem Bibelvers heißt: »Hilf dir selbst, so hilft dir Gott.«

Um die ständige Ungewissheit ertragen zu können, muss man Wege finden, sich Informationen über die Geschehnisse in der Außenwelt zu beschaffen. Information wird lebenswichtig. Bis zu meiner Entführung war ich daran gewöhnt gewesen, mich aus der Presse und dem Fernsehen über die neuesten Entwicklungen auf dem Laufenden zu halten. Aber im Dschungel hatte ich zu all diesen Informationsquellen keinen Zugang mehr. Nur hin und wieder traf mit großer Verspätung irgendeine Publikation im Lager ein. Eine Zeit lang verfügte ich über ein Radiogerät, das ich laufen ließ, wann immer es möglich war. In dieser Hinsicht ging ich in den ersten beiden Jahren durch die Hölle, da ich in jener Zeit praktisch keine Nachrichten aus der Außenwelt erhielt.

In den folgenden vier Jahren durchlebte ich drei Etappen: Anfangs hörte ich mit Begeisterung Radio, auch wenn ich das Gerät nur am Morgen und am Abend jeweils für einige Minuten einschalten konnte. Was ich in dieser Zeit erfuhr, genügte, um einen akzeptablen Informationsstand zu gewährleisten. Dann folgte wieder eine Zeit völliger Isolation, die bis Ende des Jahres 2005 dauerte. Und in den letzten Jahren der Gefangenschaft überließen uns unsere Bewacher erneut ein Radio oder erlaubten uns zumindest, mehrmals täglich Nachrichten zu hören. So konnte ich mich sehr viel besser informieren.

Wenige Monate nach der grausamen Trennung von meinem Baby erhielt ich ein Radio, das die Einsamkeit und Traurigkeit mildern sollte, in die mich der Verlust getrieben hatte. In dieser Situation fand ich heraus, wie ich mit einer Drahtbürste, die zum Reinigen von Pfannen verwendet wurde, eine Antenne basteln konnte. Diese Antenne beförderte ich mit Unterstützung eines

Uniformierten in die Baumkronen. Nach einiger Zeit gelang es mir, die Antenne selbst in eine große Höhe zu werfen. Auf diese Art konnte ich sogar für einige Minuten am Tag die *BBC* in London, *Radio Exterior de España* und *Radio France International* empfangen.

Aber am interessantesten für mich waren natürlich die nationalen Nachrichten der kolumbianischen Sender: Am Morgen hörte ich *Caracol Radio* und *RCN*, am Abend »La Luciérnaga« auf *Caracol Radio*, »El Cocuyo« auf *RCN* und »Hora 20«. Hin und wieder gelang es mir sogar, den Sender *W-Radio* zu empfangen, den ich bis zur Entführung normalerweise gehört hatte; das Programm dieses Senders war ein wenig seicht, aber es beruhigte mich, ihn im Dschungel hören zu können. Meine Mitgefangenen bevorzugten ihre regionalen Sender, und da ich die Einzige war, die aus Bogotá kam, hörte ich auch als Einzige diesen Hauptstadtsender.

In den beiden letzten Jahren meiner Gefangenschaft gelang es mir, im Durchschnitt anderthalb Stunden am Tag Nachrichten zu hören.

Ich unterhielt mich gerne mit den anderen Geiseln über die Nachrichten und hörte mir an, wie sie die Lage beurteilten. Meine Mitgefangenen waren oft übermäßig pessimistisch, und etwas in mir sträubte sich dagegen, ihnen zuzuhören, aber ihre negative Einschätzung war durchaus nützlich, um meine Neigung zu übermäßiger Zuversicht ein wenig zu bremsen. Nach einiger Zeit kannte ich die anderen Gefangenen so gut, dass ich im Voraus wusste, was sie sagen würden. Dennoch hörte ich ihnen aufmerksam zu.

Mit besonderem Interesse verfolgten wir natürlich jene Programme, die Mitteilungen für die Geiseln enthielten, beispielsweise »La Carrilera« (»Das Gleis«), eine Sendung auf *RCN*, die jeden Tag um fünf Uhr morgens ausgestrahlt wurde, oder »Las voces del secuestro« (»Die Stimmen der Entführung«) auf *Caracol Radio*, ein Programm, das sonntags um sechs Uhr morgens lief. Diese Sendungen stärkten und trösteten uns, denn sie boten Verwandten und Freunden die Möglichkeit, den Geiseln aufmunternde Grüße zukommen zu lassen. Nach einer Weile waren uns die Angehörigen von Gefangenen, die wir nie gesehen hatten, so vertraut, dass wir sie fast als Mitglieder unserer eigenen Familien betrachteten.

Freunde von Entführungsopfern erzählten vergnügliche Episoden aus dem Leben der Daheimgebliebenen: »Hallo, Juancho, am Freitag waren wir zum Essen draußen im Haus. Stell dir vor, Paty war auch da. Mein Lieber, da ist dir etwas entgangen, sie ist wirklich zum Anbeißen! Wir haben dich vermisst. Mit Gottes Hilfe wirst du uns zum nächsten Grillfest begleiten. Wir umarmen dich.«

Die Männer erhielten auch amüsante Botschaften von angeblichen Freundinnen. Solche spontan von Fremden übermittelten Mitteilungen waren öfter zu hören als Botschaften der eigentlichen Familien, die sich oft beschwerten und verlangten, das Programm ausschließlich für sie zu reservieren. Aber ich war stets dankbar für die Beiträge all der anonymen Menschen und hatte den Eindruck, dass auch die meisten anderen Geiseln Freude an diesen Botschaften hatten.

Ich erhielt einige sehr berührende persönliche Mitteilungen, darunter eine von der Direktorin meiner ehemaligen Schule, die in der Zeitung *El Tiempo* veröffentlicht worden war und von meiner Mutter im Radio vorgelesen wurde:

> Meine liebe Clara Lety,
> ich denke oft an dich. Dies ist nicht mein erster Versuch, dir zu schreiben. Heute, am Dreikönigstag, unternehme ich einen neuen Anlauf, denn hier in Spanien heißt es, dass die vergangene Nacht, die für euch dort drüben erst beginnt, eine verzauberte Nacht ist. Wir wurden von den drei Königen aus dem Orient besucht. Es ist sehr schön, die Freude in den Gesichtern der Kinder zu sehen, die hoffen, dass ihre Träume wahr werden. Ich bitte den König unseres Herzens darum, dass die Träume so vieler Menschen wahr werden, die seit Langem hoffen, dass sich ein einziger Wunsch erfüllt: dass wir das tapferste und liebste Mädchen, das je unsere Schule besucht hat, wieder in die Arme schließen können. Wir konnten schon damals sehen, dass du eine Kämpferin und eine tatkräftige Verteidigerin der Gerechtigkeit werden würdest. Ich bin stolz auf dich.

Meine Mutter schickte mir ebenfalls oft schöne Botschaften, die sie sogar mit Hintergrundmusik aufnahm:

> Für meine geliebte Clara Lety,
> die Dinge geschehen aus einem Grund, und wir denken darüber nach, welches die Gründe sind … Ich bitte Gott um seinen Segen für dich. Ich liebe dich. Deine Mutter.

> Meine geliebte Tochter, Licht meiner Tage,
> ich vertraue auf dich, auf meinen Gott und seinen Segen. Ich bin von der Zuversicht erfüllt, dass das Leben, die Harmonie und der Frieden in unserem geliebten Vaterland eines Tages wiederhergestellt werden. Ich danke dem Allmächtigen dafür, dass er mir eine Tochter wie dich geschenkt hat. Deine Mutter.

> Für Clara Lety,
> wir denken an dich, wir lieben dich von ganzem Herzen. Möge Gott der Allmächtige dich segnen. Deine Mutter.

Manchmal fiel es mir schwer, mir das gesamte Programm anzuhören, denn es war sehr belastend, von den Problemen der Angehörigen zu hören. Viele der Menschen, die Botschaften schickten, waren traurig und niedergeschlagen. Sie machten der Regierung und der Guerilla Vorwürfe. Man musste diese Äußerungen mit einer gewissen Distanz betrachten, damit sie nicht allzu niederschmetternd wirkten. Zum Glück hatte ich endlich mein Kurzwellenradio und konnte zu den Sendungen von *Radio Católica Mundial* oder zu Sportnachrichten wechseln – ich verfolgte sogar die Übertragungen von Formel-1-Rennen, an denen der kolumbianische Fahrer Juan Pablo Montoya teilnahm.

Die Programme für die Geiseln der FARC erfüllen eine wichtige Funktion. Seit meiner Befreiung habe ich an zahlreichen derartigen Sendungen teilgenommen, um den Journalisten für ihren Einsatz zu danken und sie zu ermutigen, ihre Arbeit fortzusetzen. Und natürlich liegt mir sehr daran, die Menschen zu grüßen, die weiterhin in Gefangenschaft sind, und ihnen mein Mitgefühl für ihr Leid auszudrücken, mit dem ich so vertraut bin. Um ihnen die Freude zu vermitteln, die mich heute erfüllt, schicke ich ihnen zuversichtliche Botschaften. Um ihren Überlebenswillen zu stärken, versuche ich, ihnen zu vermitteln, dass auch sie auf eine Befreiung hoffen dürfen. Ich widme ihnen auch einige Lieder, die mir viel bedeuten, beispielsweise jenen Vallenato* von Jorge Zeledón und Jimmy Zambrano, mit dem mich die Besatzung des Hubschraubers begrüßt hatte, der mich in die Freiheit flog. Im Text heißt es: »Ich liebe den Duft des Morgens, ich liebe den ersten Schluck Kaffee. Ich liebe es, wie die Sonne in meinem Fenster erscheint und meinen Blick überflutet. Ich liebe die wunderbare Frische des Tages.

* Anm. d. Übers.: Der Vallenato ist eine traditionelle kolumbianische Musikform, deren Rhythmus von Akkordeon und Caja (Trommel) vorangetrieben wird.

Ich liebe es, dem Frieden der Berge zu lauschen und die Farben des Nachmittags zu betrachten, den Sand des Strands um die Füße zu spüren und die Süße des Zuckerrohrs zu schmecken. Wenn ich meine Frau küsse, weiß ich, dass die Zeit eilt, um mich von der Liste zu streichen, aber ich sage ihr: Ay … wie schön ist das Leben …«

An einem Aprilmorgen im vergangenen Jahr widmete ich ihnen folgendes Lied: »Mit den Menschen, die ich mag, teile ich den Sonnenaufgang, die Worte, das Lachen und den Mond. Mit den Menschen, die ich mag, verbringe ich schlaflose Nächte … Ich mag Menschen, die die Hand fest und ohne Zweifel drücken …«

Ich war sehr überrascht, als ich vor einigen Wochen den Soldaten begegnete, die in der »Operación Jaque« befreit wurden. Sie dankten mir für meine Botschaften, die sie während ihrer Gefangenschaft gehört hatten. Offenbar hatten meine Worte sie sehr berührt. Ich lachte auf und sagte: »Dazu waren sie da.«

Der andere große Feind, den man als Entführungsopfer bekämpfen muss, ist die Angst. Sie bringt viele Gefangene dazu, zwanghaft zu rauchen, übermäßig zu essen oder sich andere gleichermaßen schädliche Gewohnheiten anzueignen und in Trägheit zu versinken. Damit man nicht von der Angst verzehrt wird, muss man sich um Kreativität und Disziplin bemühen. Man muss eine tägliche Routine entwickeln und daran festhalten. Im Dschungel bist du versucht, dich aufzugeben, vor allem weil sich niemand um dich kümmert. Niemand gibt dir einen

Rat. Du musst ganz allein entscheiden, ob du deine Tage damit verbringen willst, an die Decke zu starren, oder ob du versuchen willst, etwas Konstruktives zu tun.

Das Gefangensein und die Einschränkung der Bewegungsfreiheit erzeugen Angst. Daher wurde die sportliche Betätigung, die immer wichtig für mich gewesen war, im Dschungel fast zu einer Überlebensfrage, denn der Sport ermöglichte es mir, die ängstliche Anspannung abzubauen und die innere Unruhe zu bewältigen. Ich versuchte, täglich mindestens eine Dreiviertelstunde zu gehen, und wenn ich nur Runden um meine Hütte drehte. Es gab Zeiten, da ging ich vier Stunden an einer Stelle im Kreis! Oder ich setzte mich hin und tat so, als würde ich in die Pedale eines Fahrradergometers treten. Und wann immer es möglich war, joggte ich, vor allem wenn wir uns in einem Lager befanden, in dem eine Laufstrecke abgesteckt worden war. Ich trainierte durchschnittlich fünf- oder sechsmal in der Woche, zu manchen Zeiten auch täglich.

Nach dem Training kam der Zeitpunkt für das heiß ersehnte Bad, das ich sehr genoss, vor allem solange ich noch schwimmen durfte. Nachdem das nicht mehr möglich war, genügte schon das Waschen – auch wenn ich nur aus einem Eimer Wasser schöpfen und mich damit übergießen konnte –, um mich zu beruhigen. Zuerst wusch ich die Kleidung, dann reinigte ich mich selbst. Dies war der schönste Augenblick des Tages. Beim Waschen sang ich, dankbar für diese Wohltat.

Um ein wenig Privatsphäre zu haben, bastelte ich mir aus Zweigen, Plastikfolien und meinem Handtuch eine Umkleidekabine. Ich versuchte stets, allein zu baden, um ungestört zu sein und diesen Augenblick in Ruhe genießen zu können. In den fast sechs Jahren meiner Gefangenschaft badete ich an vier von fünf Tagen allein. An den übrigen Tagen – vor allem während der Märsche – mussten sich die Geiseln in Gruppen waschen. Die Guerilleros schickten uns abwechselnd zum Fluss, wobei ich stets versuchte, zu den Letzten zu gehören. Da wir nach den Märschen völlig verschwitzt waren, sprangen wir oft bekleidet in den Fluss, um auch die Kleidung zu waschen. Einmal beschuldigte mich einer der gefangenen Soldaten vor den Guerilleros, ich sei unsolidarisch, da ich nicht gemeinsam mit den anderen badete. Der Vorwurf war lächerlich. Ich antwortete ihm, ich hätte keine Angst, allein zu baden, und wies ihn darauf hin, dass man ihm in der Armee gewiss beigebracht habe, sich allein zu waschen und die Privatsphäre der Frauen zu respektieren. Die Kommandanten erhoben nie einen Einwand gegen meine Gewohnheit.

Das Bad weckte normalerweise meinen Appetit, und ich aß mit Freude, was man uns vorsetzte, obwohl es auch Zeiten gab, in denen ich unter Appetitlosigkeit litt.

Die Nahrung war sehr einfach. Ich wunderte mich immer von Neuem darüber, wie sauber die Töpfe waren, in denen unsere Bewacher das Essen zubereiteten. Das war sehr wichtig für mich. Ich sah ein Zeichen des Anstands darin, dass die Guerilleros auf Reinlichkeit achteten.

Wenn die Gruppe der Geiseln zusammen war, brachten sie normalerweise drei Töpfe, die die Portionen für alle Gefangenen enthielten – auch für Emmanuel, solange er an meiner Seite war. Zum Frühstück brachten sie einen Topf mit Maiskuchen, einen weiteren mit Suppe und einen dritten mit Schokolade, die manchmal schwarz und manchmal mit Milch gemischt war. Mittags aßen wir normalerweise Reis, zu dem es Bohnen oder Linsen gab. Dazu erhielten wir einen weiteren Topf mit Agua de panela. Am Abend aßen wir Reis oder Nudeln. Hin und wieder gab es ein wenig Wild, und gelegentlich boten sie uns sogar Affen- oder Jaguarfleisch an, das allerdings ausgesprochen zäh war. Häufiger gab es Krokodilfleisch, das köstlich ist und ähnlich schmeckt wie Languste. Hin und wieder bekamen wir zum Abendessen auch Thunfisch oder Sardinen aus der Dose oder ein wenig Fisch aus dem Fluss.

Wenn die Linsen, die Suppe oder auch die Schokolade sehr fett waren – was üblicherweise der Fall war –, rührte ich sie nicht an. In den letzten drei Jahren der Gefangenschaft ließ der Kommandant mindestens zweimal im Jahr Maispasteten kochen, von denen wir jeweils zwei Stück erhielten. Und manchmal überraschten sie uns auch mit einem besonderen Getränk wie Avena*, Colada** oder flüssigem Milchreis.

Im letzten Jahr meiner Gefangenschaft gab es bei zwei Gelegenheiten etwas ganz Besonderes zu essen. Am

* Anm. d. Übers.: Getränk auf Basis von Hafermehl
** Anm. d. Übers.: Getränk auf Basis von Maismehl

8. Dezember 2007 erhielt jeder von uns ein halbes Brathuhn – im Dschungel ein wahrer Festschmaus! Zum Nachtisch gab es sogar Paradiescreme, und zu trinken erhielten wir einen Masato, ein Getränk aus Agua de panela und Reis. Und kurz vor der Befreiung gab es einmal ein Spanferkel sowie Wildschein mit Maniok. Bei beiden Gelegenheiten waren die Portionen so groß, dass ich sie nicht bewältigte und noch weitere Mahlzeiten damit bestreiten konnte. Damit das Essen nicht verdarb, stellte ich das Geschirr in ein Wasserbad und verschloss es in einer Tüte, sodass es bis zum nächsten Tag frisch blieb.

Wir Geiseln hatten die etwas masochistische Angewohnheit, einander unsere Lieblingsgerichte bis ins letzte Detail zu beschreiben. Ich erzählte gern vom Ajiaco, einer für die Region um Bogotá typischen Hühnersuppe, die man im Dschungel nicht zubereiten kann, da dort die für dieses Gericht benötigten verschiedenen Kartoffelsorten, die in den kühleren Breiten angebaut werden, nicht erhältlich sind. Andere erinnerten sich an den Geschmack von Kapern, Maiskolben, Avocado, Crema de leche*, Brot, Curubacreme und eine Vielzahl anderer Gaumenfreuden, von denen man im Dschungel nur träumen konnte. Und als wäre das noch nicht genug gewesen, beschrieb jeder sein Lieblingsrestaurant und die Spezialitäten, die dort angeboten wurden. Auch ich sprach gern über die Zubereitung bestimmter Spei-

* Anm. d. Übers.: eine Art flüssige Crème fraîche

sen, denn ich wollte sie mir in Erinnerung rufen, damit ich sie wieder kochen konnte, wenn ich wieder in Freiheit sein würde.

Im Verlauf dieser gastronomischen Fachsimpeleien bewerteten wir natürlich auch die Speisen, die uns die Guerilleros brachten. Auf diese Art vertrieben wir uns die Zeit. Wir gaben regelrechte Kritiken ab, als wären wir gastronomische Experten. Wir beurteilten, ob eine Speise zu kalt oder zu warm, ungesalzen oder zu würzig war, ob der Reis die richtige Zeit gezogen hatte …

Eines der Probleme im Regenwald ist, dass jedes Getreide die Feuchtigkeit aufsaugt und einen schalen Beigeschmack annimmt, den man nur unterdrücken kann, indem man die Speisen reichlich salzt. Auch das Fleisch wird stark gesalzen, damit es nicht verdirbt. Fleisch war bei den Gefangenen besonders begehrt, aber ich überließ meine Ration normalerweise einem Kameraden. Ich zog Fisch vor, vor allem wenn er auf einfache Art zubereitet worden war.

Ein weiteres Problem im Dschungel sind die Fliegen, die sich auf das Essen und vor allem in die Getränke setzen. Mich widerte das an. Andere Geiseln störten sich nicht daran und schluckten die Fliegen sogar mit hinunter, aber das brachte ich nicht über mich.

Als ich nach der Befreiung in Bogotá eintraf, war das erste Gericht, das ich im Haus meines Bruders zu essen bekam, ein köstlicher Ajiaco. Ich war glücklich, meinem Sohn Emmanuel dabei zuzusehen, wie er die Suppe mit großem Appetit aß.

Ein wenig Zeitvertreib

Wie misst man in Gefangenschaft die Zeit?

Bis zu meiner Entführung war ich eine Sklavin der Uhr gewesen. Ich versuchte stets, mir meine Zeit möglichst gut einzuteilen, ja ich las sogar Bücher zum Thema Zeitmanagement. Mein Leben war auf die Sekunde vorprogrammiert. Wenn ich am Abend nach einem intensiven Arbeitstag heimkehrte, fiel ich erschöpft ins Bett und schlief stets mit dem Gefühl ein, dass meine Zeit nicht ausreichte, um alles zu bewerkstelligen, was ich mir vorgenommen hatte. Ich hatte immer das Gefühl, noch etwas erledigen zu müssen. Und im Gespräch mit Freunden und Bekannten klagte ich gewohnheitsmäßig über den Zeitmangel.

Dann wurde ich verschleppt, und plötzlich hatte ich alle Zeit der Welt – nur gab es nichts, was ich tun konnte, um all diese Zeit zu nutzen. In den ersten Monaten der Gefangenschaft wurde mir schmerzhaft bewusst, dass ich meine Zeit verlor. Es stürzte mich in eine existenzielle Krise, dass mein Leben sinnlos verstrich. Es war, als begrübe ich meine Jugend in jenem unentrinnbaren Urwald.

Es war unmöglich, irgendetwas Produktives zu tun. Ich konnte mich auch nicht mit dem Gedanken trösten, krank zu sein und der Erholung zu bedürfen. Es genügte nicht, mir eine tägliche Routine zurechtzulegen, die aus einer Reihe gesunder Gewohnheiten bestand: frühes Aufstehen, Körperpflege, Training, Baden, Aufräumen meines Schlafplatzes, Wäschewaschen, Gedanken an die Familie ... Es half mir zweifellos, mir diese Dinge zur Gewohnheit zu machen, aber da man mir alles genommen hatte, fiel es mir sehr schwer, eine Beschäftigung zu finden, die mir eine Möglichkeit eröffnete, meine Zeit konstruktiv zu nutzen.

Bald wurde mir klar, dass in dieser außergewöhnlichen Situation eine zusätzliche geistige und seelische Anstrengung erforderlich sein würde, um meine Tage auszufüllen. Also bat ich meine Bewacher kurz nach der Entführung um ein Heft und einen Kugelschreiber, damit ich beginnen konnte, ein Tagebuch zu schreiben. Das Heft war nach kürzester Zeit voll. In den ersten anderthalb Jahren füllte ich acht Hefte von je hundert Blatt. Ich nutzte jeden weißen Flecken Papier und schrieb sogar auf die Toilettenpapierpackungen. Ich schrieb über alles, was mir durch den Kopf ging. Wenn ich allein war, kommentierte ich in meinem Tagebuch die Nachrichten, die ich im Radio gehört hatte, oder die wenigen Texte, die ich zu lesen erhielt; ich fasste sogar Abschnitte der Bibel zusammen. In dem Tagebuch beschäftigte ich mich mit allem, was ich sah und fühlte. Als wir in ein anderes Lager verlegt wurden, musste ich die Hefte zurücklassen, da sie zu viel wogen; es blieb mir nichts anderes übrig, als sie zu verbrennen. Doch ich begann bald ein neues Tagebuch, an dem ich so lange schrieb, bis mir meine Bewacher keine Hefte mehr gaben, weil es ihnen auf die Nerven ging, dass ich einen Brief nach dem anderen an Marulanda oder die anderen Mitglieder des FARC-Sekretariats schrieb, um sie aufzufordern, meinen Sohn freizulassen.

Aber solange man mich ließ, schrieb ich, wann immer ich Gelegenheit dazu hatte. Ich versuchte auch, etwas zu malen. Ich unternahm mehrere Versuche, ein englisch-spanisches Wörterbuch, das ich mir geborgt hatte, Wort für Wort abzuschreiben. Oder ich vertrieb mir die Zeit mit Multiplikationen und Quadratwurzeln. Mit dieser geistigen Übung verbrachte ich die Vormittage. Ich verfasste sogar einen Text für den Fall, dass man erneut einen Lebensbeweis von mir brauchen würde. Dabei handelte es sich um eine an meine Mutter gerichtete Botschaft, die ich von Zeit zu Zeit überprüfte und aktualisierte. Ich berichtete, wie es mir ging, und erklärte ihr, wie sie meinen Sohn taufen und wo er zur Schule gehen sollte.

Als das Papier verbraucht und der Kugelschreiber leer war, bat ich um Nadel und Faden, um etwas zu nähen oder zu sticken. Ich nähte einen Gürtel für meinen Sohn und lernte, einen zu flechten, wie es die Guerilleros taten, die sich auf diese Art auch Tragegurte anfertigten. Ein Guerillero zeigte mir die Technik, und ich machte einen Trageriemen für meine Mutter, was mich einige Mühe kostete. Diesen Gurt und den Gürtel für meinen Sohn nahm ich auch mit, als wir freigelassen wurden.

Ich stickte unter großer Mühe in vielen Stunden eine etwa sechzig Zentimeter lange Decke, die ich auf dem Video zeigte, das im Jahr 2003 als Lebensbeweis aufgenommen wurde. Es gelang mir jedoch nicht, sie bis zur Befreiung aufzuheben.

Ich stellte rasch fest, dass diese Beschäftigung meiner psychischen Gesundheit zuträglich war. Sie erforderte beträchtliche Konzentration, was verhinderte, dass mich der Pessimismus übermannte. Zudem gaben mir diese Aktivitäten das befriedigende Gefühl, etwas erledigt zu haben. Ich vertiefte mich derart in diese Aufgaben, dass sie mich sogar spirituell bereicherten.

Ich nähte auch beschädigte Kleidungsstücke, obwohl ich nicht allzu geschickt darin war. Die Stiche fielen sehr groß aus – ich nehme an, das war ähnlich wie beim Pinselstrich eines Malers, der Ausdruck seiner Gemütsverfassung ist: Da ich sehr unter der Gefangenschaft litt und wütend war, gerieten die Nähte schlecht. Nur wenn ich ganz entspannt war, gelangen sie mir besser, und das war selten der Fall. Aber es blieb mir nichts anderes übrig, als dieses Handwerk zu bewältigen, denn wir mussten unsere wenigen Kleidungsstücke pflegen. Ich versuchte auch, den Rucksack, in dem ich meine Habseligkeiten transportierte, in Schuss zu halten. Ich hatte viel zu lernen.

Ein weiterer Zeitvertreib waren Kartenspiele. Es war jedoch einigermaßen schwer, an ein Spiel heranzukommen, und ich hatte keine Lust, mich um die Karten zu streiten. Ich zog ohnehin Schach und Dame vor. Aber wenn mir jemand ein Kartenspiel lieh, legte ich gerne Patiencen. Die drei Amerikaner überließen mir manchmal ihre Karten und brachten mir bei, Streitpatiencen zu spielen. In den letzten drei Jahren lernte ich von den Polizisten Bridge, ein Spiel, in dem sie wahre Experten waren. Mir gefiel besonders King, das man zu viert spielt. Aber sie verbrachten den ganzen Tag mit Kartenspielen, und ich wollte mich weder einer festen Gruppe anschließen noch um einen Einsatz spielen. Sie spielten darum, wer das Geschirr abwaschen musste, und da sie sehr viel besser spielten als ich, hätte ich mich darauf einstellen müssen, meinen Tag als Tellerwäscherin zu verbringen, was eine sehr deprimierende Aussicht gewesen wäre. Es gewannen immer dieselben Spieler, und ich beteiligte mich nur gelegentlich an diesem Zeitvertreib, um den Kontakt zu den anderen Geiseln zu pflegen.

Einer meiner Mitgefangenen, der ausgezeichnet mit den Würfeln umgehen konnte, forderte mich immer wieder auf, beim Mensch-ärgere-dich-nicht mitzuspielen, was mich allerdings auch nicht allzu sehr begeisterte. Es wurde um die Maiskuchenrationen des Tages gespielt, auf die ich geringeren Wert legte. Aber das Spiel, das darin bestand, die Figuren unentwegt über das Brett zu bewegen, ohne sich rauswerfen zu lassen, schien mir eher langweilig, sodass ich mich auch an diesem Zeitvertreib selten beteiligte.

Im Lager hatten wir sehr viel Freizeit. Wir verbrachten ungezählte Stunden mit Nichtstun, was dazu führte, dass die Unterhaltungen oft in einen Jahrmarkt für

Kritik und Tratsch ausarteten. Es ging nur noch darum, über die anderen Geiseln zu lästern. Wie wir in Kolumbien sagen: Kleines Dorf, große Hölle. Ich vermied es, mich an diesem böswilligen Klatsch zu beteiligen, der mich nur verärgerte.

Hin und wieder trafen einige Bücher und Zeitschriften ein, die die Kommandanten den Geiseln zur Verfügung stellten. Ich verschlang die wenigen Bücher, die ich in die Hände bekam. Im von Martín Sombra geleiteten Lager würde es mehr Bücher geben, weshalb ich in dem Jahr, das ich dort verbrachte, sehr viel las, darunter Jules Verne, Gabriel García Márquez, Enrique Santos und sogar ein Buch des kolumbianischen Karikaturisten Vlado. Dazu las ich alle Zeitschriften von der ersten bis zur letzten Seite einschließlich der Werbung, des Impressums und des Anzeigenteils.

Nun da ich wieder frei bin, habe ich, wenn eine Zeitschrift ins Haus flattert, oft nicht einmal die Zeit gehabt, einen Blick in die Ausgabe der Vorwoche zu werfen.

Ich las oft laut. Dazu setzte ich mich in eine Ecke und hörte mir selbst zu. Ich hielt diese Art der Lektüre für nützlich. Ich legte immer wieder Pausen ein und hob den Blick, so als würde ich mich an Zuhörer wenden: Vielleicht würde ich irgendwann ja wieder vor einem Publikum sprechen. Einmal fiel mir eine Studie über den Zusammenhang zwischen Armut und Bildung in Kolumbien in die Hände; sie war etwa tausend Seiten lang und nicht mehr ganz aktuell. Dennoch trug ich sie von der ersten bis zur letzten Seite laut vor. Einige meiner Mitgefangenen fanden das überhaupt nicht amüsant und beschwerten sich bei den Kommandanten. Einer von ihnen trat daraufhin an mich heran und sagte: »Clara, lesen Sie bitte im Geist; diese Leute sind verdammt genervt.«

Eine weitere Aktivität, der ich nachging, wann immer ich Gelegenheit dazu hatte, war die Gartenarbeit. Einmal erhielten wir ein paar Orangen, und ich hob einige Kerne auf und ließ sie trocknen. Ich lockerte in einer Ecke des Lagers die Erde und säte die Samen aus. Und kurz bevor ich befreit wurde, sah ich dort einige kleine Orangenbäume, die ich den Guerilleros zusammen mit einem Avocadobaum von etwa einem Meter Höhe zur Erinnerung an mich hinterließ.

Eine weitere Beschäftigung bestand darin, meinen Lagerplatz so gut wie möglich herzurichten. Ich tat das jedes Mal, wenn wir an einen neuen Ort kamen. Dazu verwendete ich Werkzeuge wie eine Hacke oder Machete, wenn mir ein Guerillero eine lieh; wenn ich auf solche Geräte verzichten musste, half ich mir mit Stöcken. Um zu vermeiden, dass sich auf dem Boden des Schlafplatzes bei jedem Regenguss tiefe Pfützen bildeten, musste man Abflussrinnen anlegen. Ich baute mir auch eine Sitzbank und ein Tischchen, an dem ich essen konnte. Jedes Mal, wenn sie uns an einen anderen Ort verlegten, hatte ich eine neue Gelegenheit, meine bescheidene Wohnstätte einzurichten.

Alle ein bis zwei Monate schnitt ich mir die Haare beziehungsweise ließ sie mir schneiden. Das half mir dabei, gegen das Altern zu kämpfen und mein Selbstwertgefühl zu wahren. Anfangs versuchte ich mehrmals, mir die Haare selbst zu schneiden, aber da es mir nicht gut gelang, verzichtete ich auf weitere Versuche und vertraute meine Frisur einem Mitgefangenen oder einem der Guerilleros an, die ihren Kameraden die Haare schneiden durften, weil sie ein gewisses Geschick darin bewiesen hatten.

Und so unglaublich es klingen mag, zählten zu den Artikeln, die den Frauen für die Körperpflege zur Verfügung gestellt wurden, in den letzten beiden Jahren der Gefangenschaft auch Lidschatten und Nagellack. Ich legte großen Wert darauf, diese Artikel zu verwenden. Vor allem war mir wichtig, dass meine Fingernägel gepflegt waren. Der letzte Nagellack, den man uns gab, war goldfarben. So konnte ich in den dunklen Nächten meine Hände sehen. Außerdem dachte ich, dass dieser auffällige Nagellack für den Fall, dass unsere Geiselhaft tragisch endete, möglicherweise unsere Identifizierung erleichtern würde.

Schwanger im Dschungel

Die kolumbianische Öffentlichkeit erfuhr erst Anfang des Jahres 2006, dass ich in der Gefangenschaft ein Kind zur Welt gebracht hatte. Der Journalist, der die Nachricht verbreitete, hatte keine Details in Erfahrung gebracht und besaß auch keine bestätigten Daten, weshalb er seinen Bericht mit Vermutungen ausschmückte, wie er selbst erklärt hat.[25] In einem Interview mit der Zeitschrift *Semana* erklärte er im April 2006: »Der Sohn von Clara Rojas ist seit zwei Jahren eine Tatsache, die mittlerweile laufen kann.«

Von diesem Augenblick an tauchten zahlreiche Gerüchte und Falschinformationen auf, die in Reportagen, Interviews und Büchern verbreitet wurden. Es wurde versucht, die Geschichte aufgrund bloßer Spekulationen zu rekonstruieren. Es war von einem Liebesdrama die Rede. An all dem, was bisher berichtet wurde, ist nur eines wahr: Ich wurde tatsächlich in der Gefangenschaft schwanger und brachte einen Sohn zur Welt. Alles, was sonst in der Öffentlichkeit verbreitet wurde, entbehrt jeder Grundlage.

Die Entscheidung darüber, was die Öffentlichkeit über diese Geschichte wissen soll und was nicht, fälle ich alleine. Diese Episode meines Lebens gehört zur

Gänze in meine Privatsphäre. Ich werde sie meinem Sohn Emmanuel erzählen, wenn er mich eines Tages danach fragt. Der geeignete Zeitpunkt dafür ist noch nicht gekommen. Das Einzige, was ich an dieser Stelle sagen möchte, ist, dass ich während meiner Geiselhaft ein Erlebnis hatte, das zu einer Schwangerschaft führte. Die eigentliche Liebesgeschichte begann, als mir klar wurde, dass ich ein Kind erwartete, und mich entschloss, sein Leben zu retten.

Meine Großmutter war eine sehr charakterstarke Frau, die sich durch Elan und Entschlusskraft auszeichnete. Sie gebrauchte oft ein Sprichwort, das ich verinnerlichte, obwohl ich damals noch sehr klein war: »Besser einmal im Leben blass als das ganze Leben farblos.«

Sie verwendete noch eine weitere Redensart, die auf dasselbe hinauslief: »Wenn es passiert ist, Brust raus.« Gemeint ist, dass man zu seinen Handlungen stehen muss. Ja, die stolze Brust einer Frau und einer Mutter. Diese Randbemerkung ist die geeignete Einleitung zu der Geschichte, die mein Leben veränderte.

Im August 2003 befahlen die Guerilleros Ingrid und mir, zu einem weiteren Marsch aufzubrechen, um unser Versteck zu wechseln. Das neue Lager würde sich wie alle bisherigen im Dschungel befinden. Wir hatten keine Ahnung, wohin man uns brachte, denn sie gaben uns nie irgendwelche Informationen. Sie befahlen uns einfach, unsere Sachen zu packen und ihnen zu folgen.

Tag für Tag fuhren wir lange Strecken im Boot oder unternahmen kraftraubende Fußmärsche. Ich hatte nur einen kleinen Rucksack dabei, in dem ich das Nötigste bei mir trug, doch obwohl er nicht schwer war, lastete er auf meinen Schultern wie ein Stein. Meine übrigen Habseligkeiten (das Moskitonetz, die Hängematte, die Kleidung) transportierten zum Glück die Guerilleros in einer Plane. Manchmal blieben wir einige Tage an einem Ort, bevor wir den Marsch fortsetzten. Die Wanderungen belasteten mich sehr, was nicht nur an der Müdigkeit, sondern auch an der Einsamkeit und an der Ungewissheit bezüglich unseres Bestimmungsortes lag. Zu allem Überfluss begann ich zu jener Zeit unter heftigem Durchfall zu leiden, und am Morgen befiel mich ein derart starker Harndrang, dass ich es kaum bis zur Latrine schaffte. In diesem Zustand musste ich marschieren.

Im August erreichten wir endlich unseren neuen Aufenthaltsort: das Lager, in dem Martín Sombra das Kommando hatte. In diesem Lager im von Mono Jojoy befehligten Frontabschnitt wurde mehrere Monate lang eine große Gruppe von Geiseln versammelt, die aus achtundzwanzig Armeeangehörigen und Polizisten sowie zehn Zivilisten bestand. Die Guerilleros hatten mitten im Dschungel zwei riesige Pferche errichtet, die als Gefängnishöfe dienten und durch Drahtzäune voneinander getrennt waren; in einem dieser Pferche waren die Uniformierten, im anderen die Zivilisten untergebracht.

Wir begrüßten unsere neuen Mitgefangenen freundlich; mit den Uniformierten konnten wir nur durch den Zaun sprechen. Ich kannte keinen dieser Menschen persönlich und hatte noch nie von ihnen gehört, obwohl einige von ihnen in der Politik gewesen waren. Es überraschte mich, dass auch Ingrid keine dieser Personen von früher kannte.

In den beiden Pferchen stand jeweils eine Holzbaracke, deren Seitenwände zur Hälfte aus Drahtzäunen bestanden; auf diese Weise wurde das Gebäude belüftet. In unserer Baracke standen fünf Stockbetten, und mir wurde ein Platz auf der oberen Pritsche zugeteilt. Dieser Platz war dunkel, und es strengte mich sehr an, hinaufzuklettern und herabzusteigen – vor allem als meine Schwangerschaft voranschritt. Ich wundere mich noch heute, dass ich nie stürzte, wenn ich in der Nacht auf die Toilette musste.

Der Umgang mit den übrigen Geiseln war anfangs freundlich, aber ich stellte fest, dass eine gewisse Distanz zwischen uns herrschte, und ich hatte den Eindruck, dass sie ihre Gedanken für sich behielten. Dennoch unterhielten wir uns hin und wieder über die Radionachrichten oder eine Neuigkeit, die uns zu Ohren gekommen war. Mit einigen Mitgefangenen spielte ich gelegentlich Karten oder Schach. Die meiste Zeit verbrachte ich jedoch mit der Lektüre. In diesem Lager gab es Bücher, und ich nutzte die Chance zu lesen.

Ich war nun schon einige Monate in diesem neuen Lager und fühlte mich weiterhin schlecht. Obendrein begann ich an Gewicht zuzunehmen. Es kam mir der Gedanke, dass ich möglicherweise schwanger sei. Ich sprach mit einigen Mitgefangenen darüber, die mir rieten, mich an die Guerilleros zu wenden, da unsere Entführer für mich verantwortlich seien und mir als Einzige helfen könnten. Meine Kameraden hatten natürlich recht, aber diese Antwort vermittelte mir den Eindruck, dass sie nichts mit der Sache zu tun haben wollten. Das hinterließ einen üblen Nachgeschmack bei mir und gab mir das Gefühl, sehr allein zu sein.

Nach wenigen Tagen entschloss ich mich, Martín Sombra um ein Gespräch zu bitten. Er ließ mir ausrichten, ich solle an einem der folgenden Tage nach dem Mittagessen zu ihm kommen. Zwei Guerilleros begleiteten mich zu ihm. Auf dem Weg zu seinem Büro sah ich einen großen Versammlungsraum und eine Art Speisesaal, in dem mindestens zweihundert Personen Platz haben mussten. Martín Sombra saß in einem großen Schuppen an einem Tisch vor einem Computer. Der Schuppen war mit einem Zaun in zwei Teile geteilt. Hinter dem Zaun waren viele Säcke gestapelt, die vermutlich Lebensmittel enthielten. Neben dem Tisch stand ein Schrank, an der Wand hing eine etwa zwei Meter hohe Karte Kolumbiens.

Als ich eintrat, erhob sich Martín Sombra und gab mir die Hand. Er war eine beeindruckende Erscheinung, nicht sehr groß, aber kräftig, und er hatte einen harten Gesichtsausdruck. Er bat mich, Platz zu nehmen, und bot mir einen Milchkaffee und Brot an. Ich hatte jedoch keinen Hunger, da ich kurz zuvor gegessen hatte. Er fragte: »Also, was haben Sie auf dem Herzen, Doña Clara?«

Ich antwortete, dass ich mir Sorgen mache, da ich möglicherweise schwanger sei.

Er ließ eine Guerillera rufen, die Krankenschwester war. Sie war etwa fünfundzwanzig Jahre alt und von überraschender Schönheit; sie erinnerte mich an die Diva Amparo Grisalles.[26] Sie sah sich meinen Bauch an und sagte nichts, worauf ihr Martín Sombra befahl, einen Schwangerschaftstest zu besorgen. Mir gab er die Anweisung, am nächsten Morgen nüchtern eine Urinprobe zu nehmen, und sagte mir, man werde mir Bescheid geben. Es überraschte mich, wie er mit der Sache umging. Er verhielt sich beinahe wie ein Arzt, ohne sich für die Umstände zu interessieren oder großes Aufhebens um die Angelegenheit zu machen. Zum Abschied schenkte er mir zwei Schachteln Kekse und zwei Dosen Kondensmilch.

In jener Nacht konnte ich nicht schlafen. Ich war unruhig, und es half mir auch nicht einzuschlafen, dass die Wachen die wunderbare Angewohnheit hatten, die Verschlüsse ihrer Sturmgewehre ein ums andere Mal durchzuziehen, was einen furchtbaren Lärm machte – vermutlich wollten sie uns daran erinnern, dass sie bewaffnet waren.

Am folgenden Tag, es war der 18. Dezember 2003, ließ mich Martín Sombra noch vor sieben Uhr morgens zu sich rufen. Ich werde diesen Morgen nie vergessen. Ich hielt meine Urinprobe schon bereit, und man brachte mich zum selben Schuppen wie am Vortag. Dort warteten bereits die Krankenschwester und der Kommandant auf mich, der mich sofort fragte, ob ich die Urinprobe mitgebracht hätte.

Er befahl mir, mich neben ihn zu setzen. Die Krankenschwester nahm gegenüber von uns Platz. Sie gaben mir den Teststreifen, damit ich ihn in den Urin hielt. In der Gebrauchsanweisung stand, dass eine rote Verfärbung ein positives Ergebnis bedeutete. Und das Testfeld nahm Stück für Stück diese Farbe an.

Ich war fassungslos und konnte nicht verhindern, dass mir die Tränen aufstiegen. Natürlich war ich glücklich, denn es ist wunderbar für eine Frau, ein Kind zu erwarten. Aber im Dschungel? Ich fühlte, wie mir die Sorge auf die Brust drückte. Wie sollte ich das bewältigen?

Vor der Entführung hatte ich oft darüber nachgedacht, wie es wäre, ein Kind zu haben. Ich wünschte mir seit jeher, eine Familie zu gründen, aber die Umstände hatten mich dazu bewogen, dieses Vorhaben immer wieder zu verschieben. Ich hörte schon seit geraumer Zeit meine biologische Uhr ticken. Daher war dies möglicherweise meine letzte Chance, Mutter zu werden, obwohl ich mich in einer gefährlichen und scheinbar aussichtslosen Situation befand.

Die Möglichkeit, das Kind nicht auszutragen, schloss ich von vornherein aus. Unter normalen Umständen hätte ich die Schwangerschaft akzeptiert, ohne einen Augenblick zu zweifeln. Warum sollte ich das Kind nicht auch unter schwierigeren Umständen austragen? Die Bedingungen waren offenkundig alles andere als günstig, und die Risiken waren sowohl für mich als auch für das Kind groß. Aber wenn ich jetzt nicht Mutter wurde, würde ich wahrscheinlich nie wieder eine Gelegenheit dazu erhalten.

Die Krankenschwester und Martín Sombra beglückwünschten mich und sprachen mir Mut zu. Der Kommandant empfahl mir, meinen Bauch mit Jaguaröl einzumassieren, das die Guerilleros aus dem Fett der Raubkatzen gewannen und zur Behandlung aller möglichen Beschwerden einsetzten. Und tatsächlich schickte er mir mehrfach eine Guerillera, damit sie mich mit diesem Öl einrieb.

Ich bat den Kommandanten inständig, mich aus dem Dschungel herauszubringen oder zumindest zum nächsten medizinischen Versorgungsstützpunkt* zu schicken, selbst wenn dafür ein mehrtägiger Marsch erforderlich gewesen wäre. Ich brauchte medizinische Hilfe bei der Geburt. Ich erklärte ihm, dass die Geburt mein Leben und das des Babys in Gefahr bringen würde. Ich war ein Stadtmensch und glaubte nicht, imstande zu sein, diese Strapazen im Dschungel überstehen zu können, vor allem da ich fast vierzig Jahre alt und zum ersten Mal schwanger war.

Als mir klar wurde, dass er meiner Bitte keineswegs nachgeben würde, flehte ich ihn an, zumindest das Internationale Rote Kreuz ins Lager zu lassen, damit

* Anm. d. Übers.: Die Rede ist von einem »Puesto de Salud«, bei dem es sich zumeist um eine rudimentäre Gesundheitseinrichtung handelt, in der die Landbevölkerung vor allem Beratung sowie eine grundlegende medizinische Versorgung durch Sanitätspersonal, seltener auch durch Ärzte erhält.

mir ein Arzt helfen konnte. Ich hatte große Angst, und um mich aufzumuntern, sagte Martín Sombra zu mir: »Clara, machen Sie sich keine übermäßigen Sorgen. Wir werden weder Sie noch Ihr Baby sterben lassen. Es ist Ihr Baby, und Sie werden es beschützen wie eine wütende Tigerin.«

Als ich zu meiner Hütte zurückkehrte, erwarteten mich bereits die meisten Mitgefangenen, die gespannt waren, wie der Schwangerschaftstest ausgegangen war. Sie waren fast ebenso gerührt wie ich, als sie erfuhren, dass ich tatsächlich ein Kind erwartete. Doch wir waren erst sein einigen Wochen zusammen und hatten viel zu wenig gemeinsam erlebt, als dass es ihnen möglich gewesen wäre, wirklich an meiner neuen Erfahrung teilzuhaben und mir die nötige Unterstützung zu geben.

Der einzige vertraute Mensch an diesem Ort war Ingrid. Doch zu meinem Unglück befand sie sich selbst in einer schlechten Verfassung. Dazu kam, dass sich zwischen uns ein Graben aufgetan hatte. Daher war sie keine Stütze für mich, obwohl sie mir durchaus zu helfen versuchte und mir beispielsweise Kleidung für das Baby nähte. Doch sie verhielt sich nicht wie eine Schwester, und genau das hätte ich in jener schwierigen Situation am meisten gebraucht. Sie vermittelte mir auch nicht das Gefühl, mich mit Fragen an sie wenden zu können, obwohl ich das sehr gerne getan hätte. Schließlich war es für mich die erste Schwangerschaft, während sie bereits zwei Kinder zur Welt gebracht hatte. Als ich ihr von meiner Schwangerschaft und meinen Sorgen erzählte, sagte sie lediglich: »Willkommen im Klub.« Ihr Ton schien mir sarkastisch, so als wäre die Mutterschaft eine Last. Sie hieß mich nicht gerade in einem Rosengarten willkommen.

Ihre kühle Haltung prägte zweifellos auch das Verhalten anderer Geiseln, die mir mit einer gewissen Feindseligkeit begegneten, die sie noch heute an den Tag legen. Offenbar hofften sie, sich mit diesem Verhalten Ingrids Sympathie zu sichern.

Eines Tages nahmen mich die Männer ins Verhör. Sie luden mich ein, mich mit ihnen an einen Tisch zu setzen, und begannen mit der Befragung. Sie erkundigten sich in inquisitorischem Ton, wer der Vater meines Kindes sei. Sie sagten Dinge wie: »Wenn Sie es uns nicht sagen, kann das nachteilige Folgen für unsere Familien haben.« Und: »Sie sind verantwortungslos.« Sie waren sehr angespannt und wollten unbedingt wissen, was geschehen war. Wie wir in Kolumbien sagen: Sie wollten wissen, wer mich »gekrönt« hatte.

Ihr Verhalten schien mir erbärmlich. Wahrscheinlich fürchteten sie, in der Öffentlichkeit werde die Vermutung auftauchen, einer von ihnen sei der Vater. Vielleicht hatten sie auch Angst, man werde sie töten – obwohl ich diesen Gedanken einigermaßen abwegig fand.

Ich hörte ihnen ruhig zu und gab die Frage anschließend zurück: »Ist einer von Ihnen der Vater?«

Einer nach dem anderen erklärte, er könne es nicht sein.

»Sehr gut, worüber machen Sie sich dann Sorgen?

Lassen Sie mich in Frieden, ich übernehme die Verantwortung für mein Kind.«

Sie verhielten sich in dieser angespannten Situation wie Hyänen. Mein Kind und ich waren ihnen gleichgültig. Später versuchten sie, ihre aggressive und wenig hilfsbereite Haltung zu ändern, was ihnen jedoch nur teilweise gelang. So kam es zu manchem unangenehmen Zwischenfall. Jedenfalls kam es keinem von ihnen in den Sinn, sich für meine Verlegung an einen medizinischen Versorgungsstützpunkt oder für meine Freilassung einzusetzen, damit ich mein Kind unter annehmbaren Bedingungen zur Welt bringen konnte. Auch versuchte kein Einziger von ihnen, mir zu helfen oder mich zu unterstützen, obwohl einige von ihnen zumindest veterinärmedizinische Kenntnisse besaßen oder bei den Geburten ihrer Kinder anwesend gewesen waren. Ihre einzige Sorge war, dass man ihnen im Fall meines Todes Vorwürfe machen könnte.

Die anderen Frauen verhielten sich teilweise so, als hätten sie mit alldem nichts zu tun, obwohl sie Mütter waren und eigentlich hätten verstehen müssen, was ich durchmachte. Sie boten mir nicht an, mich ihnen anzuvertrauen, obwohl ich für diese Möglichkeit dankbar gewesen wäre. Möglicherweise begründen sie ihr Verhalten im Nachhinein damit, dass ich sehr unabhängig war, und damit mögen sie durchaus recht haben. Jedenfalls beschloss ich, sie nicht um Hilfe zu bitten.

Als die Schwangerschaft voranschritt, nähten sie einige Sachen für das Baby. Einmal erklärte mir eine von ihnen rundweg: »Clara, Sie brauchen keine medizinische Betreuung, eine Schwangerschaft ist keine Krankheit.« Diese Aussage machte mich sehr betroffen.

Ich entgegnete ihr: »Selbstverständlich ist eine Schwangerschaft keine Krankheit, aber sie erfordert eine medizinische Betreuung durch Spezialisten. Wenn das nicht so wäre, wie können Sie mir dann erklären, dass die meisten Todesfälle in der weiblichen Bevölkerung Kolumbiens Schwangere betreffen und dass Kinder in den ersten zwei Lebensjahren die höchste Sterblichkeitsrate aufweisen? Warum sprechen Sie mir und meinem Kind das Lebensrecht ab?«

Das folgende Weihnachtsfest, das ich mit den anderen Geiseln verbrachte, war traurig und unangenehm. Den einzigen schönen Augenblick erlebte ich am 24. Dezember um die Mittagszeit. Ich saß auf einem Stuhl und war derart in eine Näharbeit versunken, dass ich nicht einmal bemerkte, was im Radio gesagt wurde, bis jemand meinen Namen rief und auf das Gerät deutete, um mich auf die Sendung aufmerksam zu machen. Da hörte ich die Stimme meines Bruders Iván. Ich hatte sie so lange nicht gehört, dass ich ihn nicht erkannt hätte. Er sandte mir über *Caracol Radio* die folgende Weihnachtsbotschaft: »Wir warten auf deine Heimkehr, Clary! [So nennen mich meine Brüder.] Frohe Weihnachten!«

Ich begann vor Rührung zu weinen. Ich fühlte mich sehr einsam in der Gefangenschaft, sodass es sehr bewegend für mich war, aufmunternde Worte von einem geliebten Menschen zu hören. Tatsächlich weinte ich nicht, sondern ich schluchzte. Eine der Frauen näherte sich, um mir zu sagen, ich solle mich beruhigen, da das Weinen weder für mich noch für das Baby in meinem Bauch gut sei. Ich erwiderte, es seien Tränen der Freude, und ich würde mich schon wieder erholen.

Nachts sprach ich im Flüsterton mit meinem Baby und erzählte ihm die schönsten Dinge, die mir in den Sinn kamen. Das waren glückliche Augenblicke, denn ich war allein mit meinem ungeborenen Kind und träumte davon, wie wir uns gemeinsam ein besseres Leben aufbauen würden, wenn wir diese Hölle erst einmal hinter uns gelassen hätten. Wenn ich meinen Sohn heute ins Bett bringe und gemeinsam mit ihm bete, denke ich, dass diese Momente vor seiner Geburt von größter Bedeutung waren, denn sie banden uns eng aneinander und halfen mir, den Weg einzuschlagen, auf dem wir heute gehen.

Je weiter meine Schwangerschaft voranschritt, desto sonderbarer wurde die Stimmung unter den Geiseln im Lager. Ich war jedoch keineswegs die Einzige, die Probleme im Zusammenleben mit den übrigen Gefangenen hatte.

Der Raum, auf dem sie uns festhielten, war zu klein für Menschen so unterschiedlicher Herkunft, die so verschiedene Gewohnheiten hatten. Obendrein waren wir sehr nervös, da uns die Armee immer näher kam. Wir wussten genau, dass es in jedem Moment zu einem Befreiungsversuch oder zu einem Zusammenstoß mit der

Guerilla kommen konnte, und wir Geiseln hatten in diesem Fall nur geringe Überlebenschancen.

Die Guerilleros hatten die Zahl der Wachen verdoppelt und waren die ganze Zeit damit beschäftigt, ihre Waffen einsatzbereit zu machen. Wir befanden uns alle in einem ständigen Alarmzustand. Wir hörten morgens und abends die Flugzeuge über unsere Köpfe hinwegfliegen. Wir waren verängstigt, und diese ständige Beklemmung hatte zur Folge, dass jede Nichtigkeit einen erbitterten Streit auslösen konnte. Vollkommen unerhebliche Probleme wie jenes, ob der eine seinen Kaffee früher erhielt als der andere, konnten einen Tumult auslösen, und mehr als einmal war es nötig, Streithähne zu beruhigen. In meinem Fall kam erschwerend hinzu, dass ich aufgrund der Schwangerschaft sehr empfindlich war, weshalb mir alles, was die anderen zu mir sagten, mehr als sonst unter die Haut ging. Ein Mitgefangener ging so weit, mir vorzuschlagen, auf das Baby zu verzichten und es der Guerilla zu überlassen; oder ich solle wie in früheren Zeiten einen Vater erfinden. Ich gewann den Eindruck, dass viele meiner Leidensgenossen meine Freilassung nicht wünschten, und gelegentlich hatte ich das Gefühl, dass sie mich bei lebendigem Leib auffressen wollten. Ihre Ablehnung grenzte an Grausamkeit. Und anscheinend gingen sie irgendwann sogar so weit, Wetten auf meine Überlebenschancen abzuschließen.

Die Situation wurde derart unerträglich, dass der Kommandant befahl, mich von den übrigen Geiseln zu trennen. Der Abschied war zumindest für mich ein dramatisches Erlebnis. Nur einer meiner Kameraden war bereit, mir den Sack zur Tür zu bringen, in dem ich meine persönlichen Sachen aufbewahrte – eine richtige Ausrüstung hatte ich seit meinen Fluchtversuchen nicht mehr erhalten. Einige Mitgefangene gingen sich waschen, um mir aus dem Weg zu gehen, andere waren nicht einmal imstande, kurz stehen zu bleiben oder die Zigarette aus dem Mund zu nehmen, um sich anständig zu verabschieden. Und ein Mann näherte sich mir weinend, so als ginge ich in den Tod. Es war ein erbärmliches Bild.

Als ich endlich die Tür der Baracke erreichte, in der wir eingesperrt waren, brachte ich es nicht einmal über mich, mich ein letztes Mal umzusehen. Aber ich verließ diesen Ort mit dem festen Entschluss zu überleben, und um das zu schaffen, musste ich all diese Geschehnisse vergessen.

Rückblickend finde ich alles, was damals geschah, vollkommen nebensächlich. Ich muss beinahe darüber lachen, denn das Verhalten der Menschen kann teilweise geradezu lächerlich sein. Aber in jenem Augenblick litt ich sehr darunter und durchlebte eine sehr belastende Zeit, was mein Leben und das meines ungeborenen Kindes gefährdete.

Emmanuel

Die Verlegung in die Einzelhaft fand Ende Januar 2004 statt. Ich befand mich zu jener Zeit etwa im sechsten Schwangerschaftsmonat. Man brachte mich an einen Ort auf der gegenüberliegenden Seite des Lagers, weit entfernt von den Baracken, in denen die anderen Geiseln untergebracht waren. Ich lebte von nun an in der Nachbarschaft des sogenannten »Ladens«, wo die Guerilleros sämtliche Lebensmittel aufbewahrten. Dort gab es auch einen Hühnerhof, in dem etwa hundert ziemlich große Hühner gehalten wurden, sowie einen Schweinepferch, in dem zwei riesige Tiere lebten. Dort errichteten sie für mich eine große Hütte, die sie mit einer Plane abdeckten und in der es genug Platz für ein Bett, einen Tisch, einen Stuhl und ein Regal gab, in dem ich meine Sachen aufbewahren konnte. Daneben stellten sie mir eine kleine Waschküche mit zwei Wasserbehältern von anderthalb Metern Höhe. Im hinteren Teil der Hütte gab es eine kleine Latrine und eine Grube für den Abfall.

Nachdem ich lange Zeit beengte und dunkle Räume mit anderen Geiseln geteilt hatte, wirkte dieser Ort auf mich wie eine Suite mit eigenem Bad. Ich begann sofort, die Hütte zu säubern und meine Sachen aufzuräumen.

Die Bretter, die mir als Schlafplatz dienten, waren breit, sodass ich mir vorkam wie in einem Ehebett.

Die Guerilleros hatten rund um die Hütte eine Zone abgesteckt, in der ich spazieren gehen und meine Wäsche aufhängen konnte. Dem Lebensmittellager durfte ich mich jedoch ebenso wenig nähern wie dem Hühnerstall und dem Schweinepferch. Die Tiere wurden von einem Guerillero betreut, der niemanden dort hineinließ. In der Nacht hielt eine Guerillera bei den Ställen Wache, die sich fünf Meter von meiner Hütte entfernt aufstellte; wann immer ich auf die Toilette gehen wollte, musste ich sie um Erlaubnis bitten. Dazu kamen drei Guerilleras, die für mich verantwortlich waren: Die Krankenschwester kam täglich gegen achtzehn Uhr vorbei, um zu sehen, ob ich etwas brauchte, eine andere Frau kam etwa um sechzehn Uhr, um die Wasserbehälter aufzufüllen, und eine dritte brachte mir das Essen. Ich habe diese drei Frauen in guter Erinnerung behalten. Ich spürte, dass sie sich aufrichtige Sorgen um mich machten und dass sie mich so gut wie möglich versorgen wollten. Sie beschränkten sich darauf, ihre Pflicht zu erfüllen, aber sie waren stets freundlich, ohne übertrieben lieblich zu sein. Mehr brauchte ich nicht.

Ich entwickelte rasch eine neue tägliche Routine: Ich stand gegen vier Uhr morgens auf, wusch mich und zündete eine Kerze an. Sie hatten mir eine Tüte voller Kerzen gegeben, die ich so gut wie möglich nutzte. Ich kehrte den Boden und war mit dem Aufräumen fertig, wenn der Tag anbrach. Dann betete ich den Rosenkranz. Zu jener Zeit hatte ich kein Radio. Es war sehr eigenartig, keinerlei Nachrichten mehr hören zu können.

Kurz vor sechs Uhr brachten sie mir eine Thermoskanne mit heißem Wasser, damit ich mir selbst meinen schwarzen Kaffee und meine Milch aus Milchpulver zubereiten konnte. Ich erhielt jede Woche eine Tüte mit Broten und aß jeden Morgen eines davon. Nach dem Frühstück ruhte ich mich ein wenig aus, und um acht Uhr betete ich erneut einen Rosenkranz. Dann ging ich eine halbe Stunde spazieren, wusch meine Wäsche und richtete mich her.

Den übrigen Vormittag verbrachte ich damit, Windeln und Kleidung für das Baby zu nähen. Dazu verwendete ich die Laken, die man mir gegeben hatte, sowie das eine oder andere Handtuch, das ich aufbewahrt hatte.

Ich wurde nun sehr früh hungrig und aß als eine der Ersten zu Mittag, denn sobald das Essen fertig war, brachte die verantwortliche Guerillera mir meine Ration. Normalerweise aß ich nicht alles auf; ich bat daher den Wärter, die Reste den Schweinen geben zu dürfen. So war ich wieder eine Weile beschäftigt. Gegen dreizehn Uhr legte ich mich zur Mittagsruhe und betete anschließend einen weiteren Rosenkranz. Am Nachmittag ging ich noch einmal ein wenig spazieren, um danach ein zweites Mal zu baden, da ich ja nun ein eigenes Bad hatte. Gegen sechzehn Uhr brachten sie mir das Abendessen, das normalerweise aus Agua de panela und Cancharina* bestand. Nach dem Essen wusch ich mein Geschirr ab, und um siebzehn Uhr waren meine täglichen Aktivitäten abgeschlossen.

Ich hatte nun den ganzen Raum für mich und musste mich nicht mehr nach meinen Mitgefangenen richten. Ich musste niemandes Zigarettenrauch einatmen und keinerlei Lärm ertragen. In diesem Winkel des Lagers herrschte fast völlige Stille. Ich vermisste das Radio, aber ich genoss die Ruhe und war froh, ein Bad für mich allein zu haben. Es gab niemanden, der mich hätte stören können, und ich vermisste die anderen Geiseln nicht. Ich wusste nicht, wie es um sie stand. Die Guerilleras, die mich betreuten, berichteten mir ebenso wenig irgendwelche Neuigkeiten über die Gefangenen wie der junge Mann, der hin und wieder vorbeikam, um die Wasserbehälter zu reinigen. Anscheinend hatte sich auch niemand auf der anderen Seite des Lagers dazu aufgerafft, mir eine Botschaft zukommen zu lassen.

In meiner Hütte hörte ich Geräusche aus der Bäckerei – tatsächlich, in diesem Lager wurde sogar gebacken –, wenn dort der Benzinmotor eingeschaltet wurde, um Brot herzustellen. Gelegentlich drangen aus der Ferne auch Fetzen eines Liedes herüber, das irgendwer auf einer Gitarre spielte. Das Einzige, was mich teilweise sehr störte, war das scheußliche Heulen des Windes in den Baumwipfeln. Es hörte sich an, als befände ich

* Anm. d. Übers.: kleine Kuchen aus Weizenmehl und Zuckerrohrmelasse

mich in einem Zauberwald. Das Geräusch war so quälend, dass ich meine Bewacher schließlich bat, einige Äste abzusägen.

Jeden Morgen und jeden Abend hörte ich das brummende Geräusch der Flugzeuge und Hubschrauber, die über den Dschungel flogen. Ich achtete immer darauf, um rasch die Wäsche abnehmen zu können, die ich zum Trocknen aufgehängt hatte, denn zu jener Zeit hatte ich einige langärmelige rote Hemden, die gut zu sehen gewesen wären. Ich wusste, dass die Armee in der Nähe war, und obwohl ich versuchte, mich zu beherrschen, beunruhigte mich der Lärm der Flugzeuge sehr, denn ich fürchtete, dass jeden Augenblick eine Militäraktion beginnen konnte. Tatsächlich berichtet die kolumbianische Journalistin Jineth Bedoya in ihrem Buch *Las trincheras de Plan Patriota*[27], dass die Armee, die dem Mono Jojoy auf den Fersen war, darüber informiert worden war, dass ich kurz vor der Niederkunft stand, und das Lager, in dem ich festgehalten wurde, bereits lokalisiert hatte. Später erfuhren wir, dass die Truppen das Lager erreichten, kurz nachdem wir es verlassen hatten.

Wenn ich realistisch war, musste ich mir eingestehen, das vieles gegen mich sprach: die anscheinend unmittelbar bevorstehende Militäroperation, der Mangel an Zuwendung und emotionaler Unterstützung, die völlige Isolation aufgrund des Ausbleibens von Nachrichten oder Botschaften sowie die Tatsache, dass es im Lager keinen Arzt und keinerlei Aussicht auf eine angemessene medizinische Versorgung gab.

Ich spielte mehr als einmal mit dem Gedanken an eine Flucht. Ich hatte den Eindruck, dass der erste Sicherheitsring um meine Unterkunft relativ leicht zu überwinden sein und es mir nicht schwerfallen würde, den Fluss zu erreichen. Doch dann wurde mir klar, dass auf dem Fluss ständig Boote der Guerilla unterwegs waren. Auch wusste ich nicht genau, wie ich die nötigen Hilfsmittel und die Nahrung transportieren sollte. Ich war schlank, obwohl ich, seit ich schwanger war, einige Kilo zugenommen hatte, aber wenn ich das Kind nicht in Gefahr bringen wollte, durfte ich nichts Schweres tragen und nicht aufhören zu essen. Ich fragte mich auch, was geschehen würde, sollte ich im Dschungel eine Frühgeburt haben. Angesichts dieser Unwägbarkeiten verwarf ich die Idee wieder. Später fand ich heraus, dass nur zwanzig, dreißig Meter von meiner Hütte entfernt weitere Wachposten aufgestellt worden waren, um Fluchtversuche der Geiseln zu verhindern. Insgesamt waren in diesem Lager mehr als zweihundert Guerilleros stationiert.

Ich hatte keinerlei Einfluss auf meine Situation, was mich derart belastete, dass ich beschloss, mein Schicksal vollkommen in Gottes Hand zu legen. Im Grunde hatte ich immer noch die Hoffnung, dass mich die Guerilleros vor der Geburt freilassen oder zu einem medizinischen Versorgungsstützpunkt bringen würden. Zumindest, so hoffte ich, würden sie das Rote Kreuz ins Lager lassen. Deshalb war ich jedes Mal aufgeregt, wenn ein Boot anlegte, denn ich fragte mich, ob es vielleicht gekommen war, um mich abzuholen. Naiv wie ich war, glaubte ich bis zum letzten Augenblick an diese Möglichkeit.

In den letzten drei Schwangerschaftsmonaten begann ich mit Übungen zur Visualisierung der Geburt. Zunächst legte ich den Namen des Kindes fest. Da ich die Bibel eingehend studiert hatte, dachte ich, es wäre schön, ihm einen biblischen Namen zu geben. Es kam mir sofort der Name Emmanuel in den Sinn, der eine besondere Bedeutung hat: Gott mit uns. Dieser Segen schien mir passend, denn mein Sohn würde ein Segen für mich sein. Im Alten Testament gibt es einen Vers – ich bin nicht sicher, ob in den Psalmen oder in den Sprüchen –, der besagt, dass die Flüche und Segnungen die beiden Seiten derselben Münze sind, sodass jeder Mensch für sich entscheidet, von welcher Seite er sie betrachten will. Ich glaubte fest daran, dass mein Sohn ein göttlicher Segen für mich sein würde. Ich dachte auch darüber nach, ihm einen zusammengesetzten Namen zu geben. Sein zweiter Vorname sollte Andrés sein, der Name meines Vaters, und der dritte Joaquín, nach meinem Großvater, denn diese beiden Männer hatten mein Leben geprägt. Also entschied ich, dass das Kind Emmanuel Andrés Joaquín heißen würde, wenn es ein Junge wäre, während ich ein Mädchen Clara Sophia nennen würde, Clara nach meiner Mutter und mir, und Sophia, weil dies die Göttin der Weisheit ist und meine Tochter sehr klug sein müsste, um in einem derart schwierigen Umfeld zu überleben.

Von diesem Augenblick an begannen die Segnungen

mein Leben zu erfüllen. Ungeachtet der unmittelbaren Gefahr wurde ich gelassener. Ich hatte meinen Seelenfrieden gefunden. Ich versuchte, mich mit dem Gedanken zu beruhigen, dass schon viele Frauen im Dschungel oder auf einem Feld ein Kind zur Welt gebracht hatten. Ich erinnerte mich an die Geschichte der Frau jenes Mannes, der sich um das Landhaus meiner Eltern kümmerte. Bei ihr hatten die Wehen eingesetzt, während ihr Mann auf dem Feld war und pflügte. Da das Dorf weit entfernt war, konnte sie niemanden benachrichtigen. Bei der Geburt war sic allein mit ihrem vierjährigen Sohn, der ihr ein Messer holte, damit sie die Nabelschnur durchtrennen konnte. Ich war damals etwa zehn Jahre alt und hörte beeindruckt zu, mit welch natürlicher Gelassenheit uns die Frau ihre Geschichte erzählte, als wir einmal draußen im Haus waren.

Es ist wichtig, im Leben geeignete Vorbilder zu haben, wenn man sie braucht. Als die Geburt näherrückte, nahm ich mir jene Frau zum Vorbild. Ich rief mir ihren Bericht jeden Tag in Erinnerung und sagte mir, dass ich ebenfalls in der Lage sein würde, eine Geburt unter solchen Umständen zu bewältigen. Meine Zuversicht wuchs. Ich aß nicht viel, da ich erneut den Appetit verloren hatte, aber ich hielt ein gutes Gewicht und schlief ruhig. Dank des Trainings und der Bäder fühlte ich mich körperlich wohl und litt unter keinerlei Schwangerschaftsbeschwerden – ich hatte lediglich ein wenig geschwollene Füße, weshalb ich sie hochlegte, was mir auch dabei half, mich auszuruhen und Kraft zu schöpfen, die ich bei der Geburt gut würde gebrauchen können.

So verstrichen die Monate. Nach unseren Berechnungen würde die Geburt Mitte April 2004 stattfinden. Am 15. April stand ich wie an jedem Tag auf. Ich dachte daran, dass mein Kind, sollte es an diesem Tag zur Welt kommen, den gleichen Geburtstag haben würde wie meine Großmutter – eine glückliche Fügung.

Am Vormittag ging ich meinen üblichen Beschäftigungen nach, doch als ich mich nach dem Mittagessen anschickte, die Hütte zu kehren, setzten die Wehen ein. Der Junge, der die Wasserbehälter reinigte, war gerade da, und als er mit der Arbeit fertig war, fragte er mich, wie es mir gehe. Ich sagte ihm, dass ich den Eindruck hätte, die Geburt habe begonnen, und bat ihn, den Kommandanten und die Krankenschwester zu benachrichtigen und sie daran zu erinnern, dass sie mir versprochen hatten, einen Arzt zu rufen, wenn es so weit sein würde. Nach kurzer Zeit erschien die Krankenschwester und sagte mir, ich solle mich hinlegen. Ich bat sie, mir eine Uhr zu beschaffen, damit ich die Abstände zwischen den Wehen messen konnte. Da kam der Sanitäter herein und erklärte mir, er werde die Geburt betreuen, da kein Arzt im Lager sei. Ich solle mir keine Sorgen machen, denn er habe Medizin studiert, auch wenn er keinen Doktortitel erworben habe. Ich begann zu weinen. Nun war mir klar, dass diese Dummköpfe vollkommen unvorbereitet waren. Ich konnte nur hoffen, dass Gott mich beschützen würde.

Von diesem Moment an wichen die Krankenschwester, die Guerillera, die mir immer das Essen brachte, und der Sanitäter nicht mehr von meiner Seite. Im Lauf der Zeit tauchten zahlreiche Guerilleros auf, die ich nie zuvor gesehen hatte, um mir mitzuteilen, dass sie gekommen seien, um mich zu unterstützen. Sie blieben alle draußen vor der Hütte. Als die Nacht hereinbrach, zündeten sie ein Feuer an und grillten etwas Fleisch, wobei sie sich angeregt unterhielten. Ich hatte weiterhin Wehen und wollte nichts essen.

Völlig unvermittelt fragte mich der Sanitäter, ob ich schon einmal im Ausland gewesen sei. Als ich bejahte, bat er mich, etwas von einer meiner Reisen zu erzählen. Ich schilderte ihm Venedig, das ich mit zwölf Jahren gesehen hatte. So war ich eine Weile beschäftigt. Diese Nacht ist mir als etwas Besonderes in Erinnerung geblieben: Da waren all diese Menschen, die mir auf eine ungewöhnliche Art Gesellschaft leisteten und sich am Lagerfeuer Geschichten und Witze erzählten. Das Feuer brannte lange Zeit. Ich war sehr müde und schlief immer wieder für kurze Zeit ein.

Als der nächste Tag anbrach, kamen die Wehen immer noch im selben Abstand. Ich fühlte mich ein wenig schwach, denn die Wehen strengten mich an, und ich hatte seit vielen Stunden keine Nahrung zu mir genommen. Trotzdem konnte ich nichts essen. Gegen neun Uhr morgens versuchten der Sanitäter und mehrere Guerilleras, die Geburt einzuleiten. Sie brachten sogar ein Seil, das sie quer durch die Hütte spannten, damit ich mich daran festhalten und im Stehen pressen konnte. Nach einer Weile erklärte mir der Sanitäter, dass sie einen Kaiserschnitt vornehmen müssten, falls die Geburt weiterhin nicht vorankäme. Er wollte jedoch noch bis zum Mittag warten. Wenn das Kind bis dahin nicht herausgekommen sei, würden sie mir eine Vollnarkose verabreichen und mich aufschneiden, um das Kind zu retten. Ich flehte ihn an, sich auch zu bemühen, mein Leben zu retten. Er lachte und antwortete: »Machen Sie sich keine Gedanken, Clara. Wir wollen hoffen, dass Ihr Kind auf normalem Weg zur Welt kommt und kein Kaiserschnitt nötig wird. In jedem Fall muss ich erst eine Genehmigung einholen, um den Eingriff vorzunehmen. Wir werden es gegen dreizehn Uhr entscheiden.«

Gegen Mittag hatte ich bereits sehr viel Fruchtwasser verloren, und die Wehen wurden schwächer. Wir waren alle davon überzeugt, dass das Baby litt, und ich bemerkte, dass die Guerilleros besorgt waren. Uns allen war klar, dass ein Kaiserschnitt nicht mehr zu vermeiden war. Es fiel mir schwer, mich mit dieser extremen und dramatischen Situation abzufinden: Mir stand mitten im Dschungel ein Kaiserschnitt ohne ärztlichen Beistand bevor. Es blieb mir nichts anderes übrig, als auf Gott zu vertrauen: Wenn es sein Wille war, würde ich sterben, und wenn es ihm gefiel, würden mein Kind und ich leben.

Der Sanitäter verließ die Hütte, um sich das Gesicht und die Hände zu waschen. Er hatte sich ein Paar sterile Handschuhe beschafft, und nun kam ein weiterer Guerillero, der eine Lampe aufhängte, die er an einen Stromgenerator anschloss. Es schien mir unglaublich, dass nun eine Glühbirne mit 100 Watt über mir hing. Es wurde ein Uhr, halb zwei, zwei Uhr. Sie hatten noch immer nicht mit dem Eingriff begonnen. Ich meinte, der Sanitäter hätte kalte Füße bekommen, und schrie ihn an: »Entweder Sie fangen jetzt an, oder wir werden beide sterben! Ich spüre das Kind schon nicht mehr! Um Gottes willen, fangt endlich an!«

In diesem Augenblick kam ein anderer Guerillero herein und teilte dem Sanitäter mit, dass er die Erlaubnis habe, den Kaiserschnitt vorzunehmen. Endlich nahm er meinen Arm, um eine Vene zu suchen und mir die Narkose zu verabreichen. Während ich einschlief, dachte ich an meine Mutter, an mein Baby und daran, dass Gottes Wille geschehen möge.

Als ich erwachte, war es dunkel. Es befanden sich mehrere Personen in der Hütte, aber ich konnte sie nicht richtig erkennen, denn mein Bewusstsein war noch getrübt. Jemand hielt meine rechte Hand und kontrollierte anscheinend die Nährstofflösung und das Anästhetikum. Die Glühbirne beleuchtete immer noch meinen Bauch. Zu meiner Linken stand eine Guerillera, die eine Taschenlampe auf mich gerichtet hatte. Der Sanitäter kniete vor mir und nähte die Wunde zu. Im hinteren Teil der Hütte konnte ich eine Frau erkennen, die etwas im Arm hielt, das in die von mir genähten Laken gehüllt war. Das musste mein Kind sein. Es herrschte fast völlige Stille, und die Frau in der Ecke war vollkommen vertieft in die Beschäftigung mit dem Baby.

Ich versuchte, mich aufzurichten, und fragte nach dem Baby, aber sie schrien mich an, ich solle mich nicht bewegen. Überall an meinem Körper hingen Schläuche.

Der Sanitäter versuchte mich zu beruhigen: »Seien Sie nicht töricht, Clara. Ihr Kind ist gesund zur Welt gekommen. Halten Sie still, bis wir mit dem Nähen fertig sind!«

Anscheinend ließ die Wirkung des Betäubungsmittels nach, denn ich begann die Nadelstiche zu spüren. Ich konnte mich vor Schmerzen kaum rühren und zitterte vor Kälte. Jemand rief nach Tüchern und Laken, um mich zuzudecken, und ich schlief erneut ein.

Als ich wieder aufwachte, begann es bereits, hell zu werden. Ich hatte große Schmerzen, jede Bewegung war eine Qual. Die Krankenschwester näherte sich und bot mir etwas zu trinken an. Ich fragte sie nach meinem Kind.

»Es ist ein wunderhübscher Junge«, sagte sie. »Er hat sich an der Brust und am Kopf aufgeschabt und hat ein kleines Hämatom am linken Arm. Aber es geht ihm gut, und die Schrammen werden rasch verschwinden. Sie müssen sich jetzt ausruhen.«

Auf die Frage, warum sie mir das Kind nicht brachten, antwortete sie, ich solle mich beruhigen: »Sie wickeln es gerade und werden es Ihnen bald bringen. Trinken Sie inzwischen ein wenig Agua de panela, um zu Kräften zu kommen.«

Ich fragte sie nach dem Grund für die starken Schmerzen.

»Die Operation hat mehrere Stunden gedauert; es war schwierig, das Baby herauszuholen, weil es keine Lebenszeichen gab. Es kam mit gebrochenem Ärmchen heraus. Und anschließend kamen bei Ihnen die Därme heraus, und wir mussten sie wieder hineindrücken.«

Später erfuhr ich, dass ich während des Eingriffs sehr viel Blut verloren hatte und beinahe gestorben wäre.

Irgendwann im Lauf des Vormittags brachten sie mir endlich mein Baby und legten es neben mich. Ich weinte vor Glück und dankte Gott. Ich konnte mich nicht sattsehen an meinem Kind. Weil draußen starker Regen fiel, wagte ich nicht, Emmanuel umzuziehen, denn ich befürchtete, er könnte sich erkälten. Aber er war wunderbar.

Es schien mir, als lebte ich in einem Traum, es war einfach unglaublich. Ich betrachtete sein friedliches Gesicht und dachte an meine Mutter und daran, was meine Familie sagen würde, wenn sie meinen Sohn sähe. Ich wurde von einem intensiven Glücksgefühl überwältigt, das jedoch nicht lange anhielt, denn schon bald stieg die Angst in mir auf, es würde mir nicht gelingen, das Baby im Dschungel richtig zu versorgen, zumal ich sehr geschwächt war.

Zwei Guerilleras blieben bei mir. Eine versorgte das Kind, die andere betreute mich. Nach einiger Zeit kam der Sanitäter, um nach uns zu sehen. Als er das Baby untersuchte, sah ich es zum ersten Mal nackt. Der Junge war dünn und hatte lange Extremitäten, aber Gewicht und Größe waren normal. Es beruhigte mich zu sehen, dass die Kratzer an Kopf und Brust tatsächlich nicht schlimm waren. Bedenklicher war das linke Ärmchen. Der Sanitäter und die Krankenschwester befürchteten, dass der Arm unterhalb der Schulter gebrochen war. Die Händchen schienen mir vollkommen, es war ein winziges und wunderschönes menschliches Wesen. Der Sanitäter versicherte mir, der Arm werde rasch verheilen, da die Knochen bei einem Baby rasch wieder richtig zusammenwüchsen, wenn sie richtig bandagiert würden. Anschließend untersuchte er mich. Ich hatte weiterhin starke Schmerzen, und die Wunde schien mir stark entzündet. Er sagte mir, sie warteten auf ein Antibiotikum, das sie mir geben wollten, um eine Infektion der Operationsnarbe zu verhindern. Außerdem hatten sie Milchpulver bestellt, um Fläschchen für das Baby vorbereiten zu können. Ich konnte mein Kind nicht stillen, da mir keine Milch eingeschossen war. In den ersten Tagen ernährten sie das Baby, indem sie ein Stück Baumwolle mit Agua de panela tränkten und es ihm in den Mund schoben. Am zweiten Tag nach der Geburt gaben sie auch mir etwas zu essen, aber ich erbrach es wieder. Es ging mir sehr schlecht; ich hörte vier Tage lang nicht auf zu zittern. Es war kalt und regnete stark. Das Baby erkältete sich ebenfalls, weshalb sie uns an einen anderen Platz im Lager brachten. In dem Gebäude, in dem sie Schuhe flickten und ihr Gerät reparierten, gab es zumindest ein Holzdach sowie Türen und Fenster. Dies war ein sehr viel besser geschützter Ort, der außerdem direkt neben der Krankenstation lag.

Mein Zustand verschlechterte sich von Tag zu Tag. Der Bauch war sehr entzündet, und ich konnte keine Nahrung bei mir behalten. Auch das Kind kam nicht zu Kräften, da das Milchpulver immer noch nicht eingetroffen war. Nach einigen Tagen kam mich Martín Sombra in Begleitung des Sanitäters besuchen und sagte: »Sie müssen essen, sonst sterben Sie! Damit die Medizin Sie nicht umbringt, müssen Sie unbedingt essen. Hier habe ich eine Hühnersuppe, befeuchten Sie sich wenigstens die Lippen damit. Das Medikament und das Milchpulver sind inzwischen eingetroffen. Jetzt müssen Sie Ihren Teil beitragen, um am Leben zu bleiben. Denken Sie daran: Ihr Sohn braucht Sie.«

Die Geburt lag nun fünf oder sechs Tage zurück, und ich war bis auf die Knochen abgemagert.

Ich musste etwa einen Monat lang das Bett hüten und wurde mit einer Nährstofflösung versorgt. Ich litt unter hohem Fieber, das erst nachließ, als es ihnen gelang, den Impfstoff gegen das Gelbfieber zu beschaffen. Sie impften auch das Kind, dem sie überdies eine Dosis Vitamin K verabreichten. Ich erinnere mich noch daran, wie das Baby schrie und wie sehr es blutete. Zu jener Zeit war uns die Armee bereits gefährlich nahe gekommen, und offenbar hatte der Sanitäter keine allzu ruhige Hand.

Langsam erholte ich mich und konnte nach einiger

Zeit wieder ein wenig Reis, Suppe oder Agua de panela zu mir nehmen.

Da ich mich nicht bewegen konnte, hängten sie schräg neben mir eine kleine Hängematte für das Baby auf, damit ich es sehen und wiegen konnte. Der Junge trank die Milch aus dem Fläschchen mit Appetit und wuchs rasch. Die Verletzungen waren nach kurzer Zeit verheilt.

Es war ein unvergesslicher Augenblick, als sie das Baby zum ersten Mal badeten. Die Aufgabe wurde einer korpulenten Guerillera mit hellen Augen übertragen, die offenbar über die größte Erfahrung in diesen Dingen verfügte. Meine Betreuerinnen brachten einige Behälter mit lauwarmem Wasser und zwei Stühle, um das Kind am Fuß meines Bettes zu baden.

Mit dem Baby war jeder Augenblick des Tages ein neues Erlebnis. Für alle, nicht nur für mich, war Emmanuel der Inbegriff des Lebens in der ständigen Gegenwart des Todes. Wir waren uns alle der Tatsache bewusst, dass wir jeden Augenblick sterben konnten, aber die Gegenwart eines Neugeborenen erfüllte unsere Tage mit Lebensfreude und Zuversicht und weckte das Beste in den Menschen, die mit dem Baby Kontakt hatten.

Neben der Werkstatt, in der ich untergebracht war, lag die Krankenstation, vor der sich bei Tagesanbruch die Guerilleros anstellten, die irgendein Medikament brauchten. Wenn sie uns sahen, grüßten sie freundlich. Die meisten von ihnen waren sehr junge Männer und

Frauen. Ich war beeindruckt von ihrer Jugend und sie von meinem Mut, als sie mein Kind sahen.

Das Kind entwickelte sich gut, und mir ging es jeden Tag besser. Ich war derart beschäftigt mit dem Kleinen, dass ich mich überhaupt nicht mehr um den ständigen Lärm der Armeehubschrauber kümmerte, die das Lager immer häufiger überflogen. Sie suchten nach einer Stecknadel im Heuhaufen, aber sie hätten uns jeden Augenblick entdecken können.

Den 15. Mai 2004, es war Muttertag, verbrachte ich mit meinem Sohn. Ich konnte mich schon wieder ein wenig bewegen, und es war wunderbar, Emmanuel an meiner Seite zu haben.

In der Abenddämmerung begannen die Hubschrauber, in geringer Höhe über das Lager zu fliegen. Gegen achtzehn Uhr tauchte die Guerillera, die für das Baby verantwortlich war, mit einer dicken Decke auf und sagte: »Clara, ich muss mit dem Baby aufbrechen. Machen Sie sich bereit, der Sanitäter wird Sie gleich abholen. Wir treffen uns später außerhalb des Lagers. Machen Sie sich keine Sorgen, das Baby, alle Guerilleras und Sie gehen in derselben Gruppe. Die übrigen Gefangenen werden ebenfalls evakuiert.«

Es war ungewöhnlich, dass sie mir eine Erklärung gab; sie tat es wahrscheinlich, weil sie meine Besorgnis sah und mich dazu bewegen wollte, mich rasch reisefertig zu machen. Unter Tränen segnete ich meinen Sohn; es war schrecklich, mich von ihm trennen zu müssen. In diesem Augenblick bemerkte ich, dass es überall von

Guerilleros wimmelte, die den Ausgängen des Lagers zustrebten. Sie hatten ihre Waffen und die Ausrüstung geschultert und marschierten in aller Eile ab.

Wenige Minuten später kam mich der Sanitäter abholen. Ich klammerte mich an seinen Arm und versuchte zu gehen. Ich war immer noch schwach. Sie hatten mir die Nähte noch nicht gezogen, die Operationsnarbe war etwa zwanzig Zentimeter lang. Seit dem Kaiserschnitt hatte ich nur wenige Schritte getan. Und jetzt musste ich mindestens einen halben Kilometer zurücklegen. Die Nacht brach bereits herein. In der einen Hand hielt ich eine Taschenlampe, mit der anderen stützte ich mich auf den Arm des Sanitäters. Wir ließen den festgetretenen Boden der Anlage hinter uns und wateten durch den Schlamm.

Meine Kräfte schwanden rasch, und mir wurde schwarz vor Augen. Glücklicherweise verlor ich nicht vollkommen das Bewusstsein, obwohl mir sehr schwindlig war. Zwei Guerilleros hoben mich hoch, trugen mich einige Meter zu einer schwarzen Plastikfolie, die sie auf der Erde ausgebreitet hatten, und legten meinen Sohn zu mir. Ich war sehr erleichtert, ihn bei mir zu haben.

Es herrschte nun völlige Finsternis, und sie befahlen uns, still zu bleiben. Die anderen Geiseln gingen an uns vorüber. Nach dem metallischen Klimpern zu urteilen, waren sie offenbar angekettet. Später erfuhr ich, dass sie mehrere Tage außerhalb des Lagers festgehalten worden waren.

Ich blieb eine Weile auf der Kunststoffplane liegen,

und als sich die Hubschrauber wieder entfernten, tauchten Martín Sombra und ein weiterer Kommandant auf, der Alberto hieß, wenn ich mich recht entsinne. Sie gaben den Männern die Erlaubnis, Zigaretten anzuzünden, damit sie sich entspannen konnten. Plötzlich flackerten überall in der Dunkelheit Lichter auf. Mein Baby und ich wurden wieder in die Werkstatt zurückgebracht, damit wir ausruhen konnten. Das Lager wirkte vollkommen verlassen.

Am nächsten Morgen schien alles wieder seinen normalen Gang zu gehen. Ich erhielt Besuch von mehreren jungen Guerilleras, die mir eine Weile Gesellschaft leisteten. Die Armee war weiterhin in der Nähe und setzte die Guerilleros unter Druck. Mir waren einige Nähte aufgegangen, sodass sie die Wunde erneut schließen mussten, diesmal allerdings ohne Narkose. Was für eine Prüfung!

Als mein Kind vierzig Tage alt war, entschieden die Kommandanten, dass für mich der Zeitpunkt gekommen sei, zu den übrigen Geiseln zurückzukehren. Die Fäden waren mir gezogen worden, und ich konnte wieder gehen, obwohl ich noch immer schwach war. Von nun an würde ich mich allein um meinen Sohn kümmern müssen. Größere Sorgen machte mir jedoch die Atmosphäre, die uns umgeben würde: Ich hatte keine Ahnung, wie meine früheren Leidensgenossen mich aufnehmen würden.

Mit einem Baby im Lager

Am 6. Juni – Emmanuel war mittlerweile sieben Wochen alt – stand ich früh auf, um meine Sachen einzusammeln, obwohl ich bereits fast alles für den Umzug vorbereitet hatte. Ich zog meinem Sohn seine beste Kleidung an. Wenige Tage zuvor war ein Sack mit verschiedensten Babysachen eingetroffen, darunter sogar Wegwerfwindeln, die mir das Leben enorm erleichterten. Wie ich erfuhr, hatte der Mono Jojoy persönlich all diese Dinge geschickt.

Martín Sombras Frau kam, um sich von mir zu verabschieden. Sie war jung, hellhäutig und sehr hübsch. Sie war mir gegenüber stets kühl und distanziert gewesen, doch nun kam sie, um mir zu sagen, ich solle gut für mein Kind sorgen. Sie war fast zur selben Zeit wie ich bettlägerig gewesen: Auch sie war schwanger geworden, hatte das Kind jedoch nach wenigen Monaten infolge eines Sturzes während eines Marschs verloren. In den vierzig Tagen seit Emmanuels Geburt hatte sie mich einige Male besucht. Ich kann es nicht beschwören, aber ich denke, sie wäre froh gewesen, wenn ihr Sohn statt meinem überlebt hätte.

Das Leben hält viele Überraschungen für uns bereit, und im Lauf der Jahre erlebt man Dinge, die man vorher für unmöglich gehalten hätte. Nach meiner Freilassung hatte ich Gelegenheit, Martín Sombra mehrfach in dem Gefängnis zu besuchen, in dem er mittlerweile sitzt. Bei meinem ersten Besuch fragte er mich, wie es meinem Sohn gehe. Ich antwortete: »Martín, zum Glück sind wir zusammen, aber Sie werden gehört haben, wie viele Operationen an seinem Arm notwendig gewesen sind. Das Kind hat gelitten.«

»Aber das Kind lebt, Clara, und es ist bei Ihnen. Wenn Sie wüssten, wie viele Frauen ihn behalten wollten. Sogar meine Frau deutete diesen Wunsch an, aber ich ließ es nicht zu.«

Mir fällt es schwer, das zu glauben, und ich weiß nicht, warum er mir das erzählte. Ich antwortete nur: »Sie haben recht, durch Gottes Gnade ist mein Sohn Emmanuel am Leben und an meiner Seite.«

Tatsächlich hege ich gemischte Gefühle, was diesen Kommandanten betrifft. Ich glaube, er hätte mich vor der Geburt meines Sohnes freilassen können, um mir eine sehr schmerzhafte Erfahrung zu ersparen. Doch er weigerte sich stur, mich dem Internationalen Roten Kreuz zu übergeben, und ließ nicht zu, dass diese Organisation einen Arzt ins Lager schickte, um mich zu betreuen. Dabei berief er sich stets auf Befehle des FARC-Sekretariats.

Auf der anderen Seite muss ich ihm zugutehalten, dass er sich wirklich bemühte, mein Leben und das meines Kindes zu retten. Er entschied, mich von den übrigen Geiseln zu trennen, als die Spannungen unerträglich wurden. Als die Geburt begann, schickte er mir zur Unterstützung eine Gruppe von erfahrenen Leuten – einige hatten Kühen beim Kalben geholfen, andere verstanden etwas von der Krankenpflege. Diese Menschen halfen mir, so gut sie konnten, obwohl sie nur über rudimentäre und unzureichende Mittel verfügten. Nach der Geburt besuchte Sombra mich und flehte mich beinahe an, Nahrung zu mir zu nehmen. Auch stellte er eine Guerillera für die Pflege meines Kindes ab. Daher würde ich sagen, dass er zu jenen Personen zählt, die hin und wieder zu Gesten der Menschlichkeit fähig sind.

Um neun Uhr morgens an jenem 6. Juni holte mich der Sanitäter ab, um mich zu dem Ort zu bringen, an dem meine Mitgefangenen untergebracht waren. Ich wusste nicht, was mich erwartete, aber ich war gelassen und zufrieden. Emmanuel und ich hatten den Kampf um unser Leben gewonnen.

Als wir beim Pferch ankamen, drängten sich die Bewohner in der Tür und sangen Begrüßungslieder. Ich war angenehm überrascht. Man brachte mich in die Baracke, wo man mir dieselbe Pritsche zuteilte, in der ich auch vor meiner Verlegung geschlafen hatte. Einige der Männer baten die Wachen inständig, mir einen anderen Platz zu geben, der besser für mich und das Baby geeignet wäre, denn es war schwierig, mit einem Baby im Arm im oberen Bett zu schlafen. Ich war ihnen dankbar für ihre Bemühung, aber auf diese Art würden sie nichts erreichen. Also ging ich zu meinem Platz, machte das Bett und legte Emmanuel hinein, während ich seine

Hängematte aufhängte. Als ich unseren Platz einigermaßen hergerichtet hatte, kamen meine Mitgefangenen, um mir mitzuteilen, dass sie einen Hungerstreik beginnen würden, um durchzusetzen, dass ich einen besseren Schlafplatz erhielt. Ich sagte ihnen, ich hätte nichts dagegen, wenn sie das tun wollten, aber ich könne mich nicht daran beteiligen, da ich immer noch sehr schwach sei. Sie beschlossen, zunächst meine Rückkehr mit dem Baby mit einem fermentierten Agua de panela zu feiern und den Hungerstreik erst am folgenden Tag zu beginnen. Aber das Gebräu bekam so manchem schlecht, und am nächsten Tag litten einige von ihnen unter Durchfall. Dennoch verweigerten sie etwa einen Tag lang die Nahrungsaufnahme.

Weil die Treibjagd der Armee in ihre entscheidende Phase einzutreten schien, war die Atmosphäre im Lager zunehmend gespannt. Morgens und abends rasten die Flugzeuge über uns hinweg, und jeden Tag flogen sie tiefer. Die Geiseln waren verängstigt. Niemand wusste, ob die Guerilleros im Fall eines Angriffs den Befehl hatten, uns zurückzulassen oder zu töten. Die Guerilleros waren ebenfalls sehr nervös und in ständiger Alarmbereitschaft. Sie legten ihre geladenen Waffen nicht mehr aus der Hand. Die Spannung war allgegenwärtig, und dazu kam das Gedränge in unserem Pferch. Während ich in den letzten Schwangerschaftsmonaten einige Bewegungsfreiheit genossen hatte, waren meine Kameraden die ganze Zeit in diesem großen Pferch eingesperrt gewesen, aus dem sie nie herauskamen; sie verließen ihn nicht einmal mehr, um auf die Toilette zu gehen, denn die Guerilleros hatten eine Latrine eingebaut. Dort war der Platz so knapp, dass man sich nicht bewegen konnte, und die Gefangenen mussten sogar auf mehrere Schichten verteilt werden, die abwechselnd eine bestimmte Zeit auf und ab gehen durften, da es unmöglich war, dass sich alle Bewohner des Pferches gleichzeitig bewegten.

Meine Rückkehr an diesen furchtbaren Ort – und das obendrein mit einem Baby – verschärfte die Spannungen noch und löste neue Streitigkeiten aus. Emmanuel verhielt sich nicht anders als jedes Neugeborene: Er schrie, wenn er hungrig war oder sich nicht wohlfühlte. In der Baracke klang sein Weinen besonders laut, vor allem wenn ansonsten Stille herrschte. Ich fühlte mich keinem der anderen Gefangenen so nahe, dass ich es gewagt hätte, ihn hin und wieder um Unterstützung zu bitten, weshalb ich Tag und Nacht allein für das Baby sorgen musste. Ich musste es ernähren, seine und meine Wäsche waschen und die ganze Zeit auf der Hut sein. Die Wegwerfwindeln rationierte ich und sparte sie für die Nacht auf. Während des Tages verwendete ich die Stoffwindeln, die ich viermal täglich waschen musste.

Einmal wachte ich frühmorgens auf, weil das Baby weinte; die Guerilleros brachten seine Flasche, worauf es sich beruhigte, und ich nutzte die Gelegenheit, um ins Bad zu gehen und ein paar Wäschestücke zu waschen. Ich war fast fertig, als ich das Kind erneut weinen hörte. Ich lief hinaus, um nach ihm zu sehen. Nachdem ich es beruhigt hatte, kehrte ich ins Bad zurück, wo ich einigen Mitgefangenen begegnete, die verärgert waren und sich darüber beklagten, dass ich die Wäsche nicht eingesammelt und das Bad nicht in Ordnung gebracht hatte. Im Allgemeinen behandelten sie mich wie eine Fremde. Ihre Haltung erinnerte an die von Gästen in einem Luxushotel, die sich sofort beschweren, wenn irgendetwas nicht perfekt ist. Ich erwiderte nichts, denn ich wollte nicht mehr mit ihnen streiten. Ihr Verhalten schien mir lächerlich.

Ein anderes Mal beklagten sie sich bei den Kommandanten, weil ich mich an einem Tag zweimal gewaschen hatte. Ich war nach dem Windelwaschen vollkommen ausgelaugt gewesen, und da alle anderen Geiseln bereits am Nachmittag im Bad gewesen waren, nutzte ich die Gelegenheit, um mich ein zweites Mal zu waschen. Das konnten meine Mitgefangenen nicht akzeptieren. Sie meinten, ich erhielte eine unangemessene Vorzugsbehandlung. Da kam einer der drei Amerikaner auf mich zu und sagte in gebrochenem Spanisch zu mir: »Machen Sie sich keine Gedanken, Clara, ich habe nichts gesagt, denn diese Art von Beschwerden scheinen mir übertrieben. Ich möchte Sie nicht zusätzlich belasten.«

Der Kommandant hatte die teilweise kindischen Streitigkeiten bald satt und erklärte den übrigen Geiseln: »Wir haben Clara und das Kind zu Ihnen verlegt, weil wir dachten, hier ginge es den beiden besser. Aber Sie haben ihr bisher nicht geholfen, und anscheinend wollen Sie sie auch in Zukunft nicht unterstützen. Ich habe genug davon, wir werden das Problem auf unsere Art lösen.«

Kurze Zeit später tauchte der Sanitäter auf und sagte mir, man werde das Kind für einen Monat wegbringen, um seinen Arm zu verarzten. Sie würden versuchen, den Knochen zu kleben; dazu brauche das Kind völlige Ruhe und dürfe nicht bewegt werden. Die Krankenschwester, die das Kind schon vorher betreut hatte, würde seine Pflege übernehmen.

Ich war am Boden zerstört. Ich war sicher, dass der wahre Grund für die erzwungene Trennung von meinem Kind die unablässigen Beschwerden der anderen Geiseln waren.

Der Sanitäter nahm mir tatsächlich das Baby fort, was mich fast zum Wahnsinn trieb. Ich begann, frühmorgens aufzustehen und vor dem Morgengrauen meine Runden zu drehen, wobei ich zur Jungfrau Maria betete und sang. Einige Mitgefangene pfiffen, um mich zum Schweigen zu bringen, andere hörten auf, mit mir zu sprechen. Nachdem sie mich in diese Lage gebracht hatten, taten sie nun, als wäre nichts geschehen.

Eines Tages klammerte ich mich an den Zaun und schrie den Guerilleros verzweifelt zu, sie sollten mir mein Kind zurückgeben. Ich beschimpfte sie als Schufte – wobei dies noch der mildeste Ausdruck war, den ich verwendete. Meine Schreie müssen mehrere Kilometer weit zu hören gewesen sein, denn offenbar kamen sie sogar Marulanda selbst zu Ohren. Nach jedem Schrei herrschte tiefe Stille im Lager – sodass sogar der Nachhall meiner Stimme zu hören war.

Später bat ich den Sanitäter um Entschuldigung und versprach ihm, dass es nicht wieder vorkommen werde. Aber wie es im Sprichwort heißt: »Paris ist eine Messe wert.«* Ich war zu allem entschlossen, um mein Kind zurückzuholen.

In jener Zeit begannen einige Soldaten und Polizisten aus dem benachbarten Pferch, ihre Solidarität mit mir zu bekunden und mir bestickte Dinge für das Baby zu schicken. Sie überreichten mir einige Hemdchen, die wie gekauft aussahen, eine Wickeltasche und ein Deckchen. Sie nähten auch ein Stofftier – eine Eule – und bastelten ein Mobile und eine Rassel für Emmanuel. Sie fertigten sogar kleine Ledersandalen und Turnschuhe für meinen Sohn an.

Ihre Fürsorge rührte mich, vor allem weil mir in jener Situation gerade die einfachsten Menschen ihre Hand reichten. Das werde ich nie vergessen.

Um mir die Zeit zu vertreiben und die Leere zu füllen, die mein Sohn Emmanuel hinterlassen hatte, fing ich wieder an zu sticken. Aber ich konnte meine ängstliche Unruhe nicht überwinden. Ich konnte einfach nicht geduldig abwarten, bis sie mir mein Kind wieder zurückgaben.

* Anm. d. Übers.: Die im Spanischen gebräuchliche Redensart »París bien vale una misa« geht angeblich auf einen Ausspruch Heinrichs IV. (1553-1610) zurück, der zum Katholizismus übertrat, um den französischen Thron besteigen zu können. Die Redensart bedeutet, dass man manchmal bereit sein muss, etwas Unangenehmes zu tun oder ein Opfer zu bringen, wenn man etwas erreichen will.

Also beschloss ich, einen neuntägigen Hungerstreik zu beginnen, den ich der Jungfrau Maria widmete. Der Sanitäter sagte mir, in Anbetracht meines körperlichen Zustands sei es verrückt zu fasten. Ich wusste, dass es gefährlich war, aber ich hatte das Gefühl, etwas tun zu müssen, um meinen Jungen zurückzuholen. Ich konnte nicht untätig bleiben und einfach warten, bis man ihn mir brachte. Also begann ich zu fasten und stand die neun Tage durch. Nach einigen Tagen teilte mir der Sanitäter mit, dass ich mein Baby wiedersehen könne, wenn auch nur für einige Stunden am Tag, damit es nicht erneut zu Spannungen zwischen mir und meinen Mitgefangenen komme, die so schädlich für den Kleinen und mich seien.

Nachdem wir einen Monat getrennt gewesen waren, konnte ich mein Baby Ende Juli endlich wieder in die Arme schließen. Ich war noch sehr geschwächt und hatte das Gefühl, allein gegen die ganze Welt kämpfen zu müssen. Aber wenn man mir das Kind brachte, versuchte ich, zuversichtlich zu sein, und wir verbrachten die schönsten Momente des Tages miteinander. Ich las Emmanuel Geschichten vor oder sang etwas für ihn.

Im Lauf der Zeit kam ich wieder zur Ruhe und konzentrierte mich vollkommen auf die Pflege meines Kindes. Meine Mitgefangenen und ihr absurdes Verhalten beachtete ich nicht mehr; ich sprach nur noch mit denen, die freundlich auf uns zukamen. Wenn Emmanuel nicht bei mir war, ließ ich mir von der Guerillera, die sich den restlichen Tag um ihn kümmerte, seine Sachen schicken, damit ich sie waschen konnte. Und wenn sie mir das Baby am nächsten Tag brachten, zog ich ihm die saubere Kleidung an.

Die Amerikaner bemühten sich um eine bessere Beziehung zu mir, und ich begann, in den Zeiten, die ich ohne meinen Sohn sein musste, mehr Zeit mit ihnen zu verbringen. Wir spielten Schach oder eine Streitpatience, lasen gemeinsam spanische Bücher oder unterhielten uns über die neuesten Nachrichten.

Die Geiseln verrichteten abwechselnd die Hausarbeiten. Da ich noch zu schwach war, wurde ich im ersten Monat vom Reinigungsdienst befreit. Doch von da an musste ich mich beteiligen und tat mich mit einem der Amerikaner zusammen. Er übernahm die anstrengenden Arbeiten, das heißt die Reinigung des Bades und der Wasserbehälter, während ich die übrigen Dienste verrichtete: Ich trug das Essen auf, wusch das Geschirr ab, wischte den Tisch und die Stühle ab und kehrte die Baracke aus, wobei mir mein Kamerad half.

Nachdem sich jemand beschwert hatte, weil ich diese Arbeit angeblich nicht sorgfältig genug machte, lehnte ich es jedoch ab, sie weiter zu verrichten.

Die übrigen Arbeiten störten mich nicht, und obendrein gaben sie mir das Gefühl, dass ich ein normales Mitglied der Gruppe war und das Recht hatte, meine Ansprüche geltend zu machen. Doch ich beklagte mich nicht: Es schien mir lächerlich, andere Geiseln aufzufordern, den Müll hinauszutragen oder die Zigarettenstummel nicht in der Baracke auf den Boden zu werfen.

Was mich wirklich störte, war die Rücksichtslosigkeit der Raucher gegenüber den Nichtrauchern. Wir hatten uns darauf geeinigt, in der Baracke nicht zu rauchen, aber einige missachteten diese Regel.

Ich entschloss mich, die Gleichgültigkeit meiner Mitgefangenen vollkommen zu ignorieren, und das half mir, die schwierigen Situationen zu bewältigen. Das Eingesperrtsein und der psychische Druck, der dadurch entstand, dass wir von der Armee bedrängt wurden, versetzte uns alle in einen ständigen Zustand der Beklemmung, der zur Folge hatte, dass immer wieder aus irgendeinem nichtigen Grund Streit ausbrach. Es kam laufend zu Auseinandersetzungen zwischen den Geiseln. Ich geriet in eine Streitigkeit, als ich mich eines Tages in der Schlange anstellte, um heißes Wasser zu holen. Ich stellte mich immer als eine der Ersten an, da ich die Einzige war, die eine Thermoskanne hatte; die anderen hatten nur Plastikbecher und mussten warten, bis das Wasser ein wenig abgekühlt war, da es ihre Becher sonst beschädigt hätte.

An jenem Tag goss ich mir gerade das Wasser ein, als mich Ingrid anschrie, weil ich mich als Erste bediente. Es war nicht das erste Mal, dass sie das tat. Ich erschrak derart, dass ich mir das heiße Wasser über die Hand schüttete und mich verbrühte. Einer der Amerikaner sagte mir, ich solle Ruhe bewahren und nicht mit Ingrid streiten. Ein anderer meinte: »Du solltest das Wasser überhaupt nicht mehr selbst holen.«

Von da an holte er mir jeden Tag das Wasser, mit dem

ich mir meinen Kaffee und das Fläschchen für das Baby zubereitete.

Im Rückblick wirkt all das trivial. Aber damals verletzte es mich. Diese durch Nichtigkeiten ausgelösten Zusammenstöße waren sehr belastend. Ich gestehe, dass es mich große Mühe gekostet hat, diese Erlebnisse zu verwinden.

Der Marsch durch den Regenwald

Die Armee saß uns im Nacken. Die Flugzeuge und Hubschrauber kamen uns jeden Tag näher und überflogen das Lager in immer kürzeren Abständen. Wir waren davon überzeugt, dass sie uns bald wieder in ein anderes Lager verlegen würden, damit uns die Armee nicht lokalisieren konnte. Die Amerikaner rieten mir, mich zu bemühen, jede Nahrung zu mir zu nehmen und mit Gewichten zu trainieren, um wieder zu Kräften zu kommen. Sie hatten sich ein rudimentäres Fitnessstudio gebaut, indem sie zwei Plastikflaschen, die sie als Gewichte benutzten, an einem Flaschenzug an einem Baum befestigt hatten. Anfangs füllte ich die Behälter nur mit wenig Wasser, aber im Lauf der Zeit erhöhte ich das Gewicht stetig, um meine Muskeln mehr zu belasten, und dieses einfache Aufbautraining half mir sehr. Als wir uns Ende September erneut in Marsch setzten, konnte ich normal gehen und meine Sachen selbst tragen.

Mein Sohn war beim Aufbruch erst fünf Monate alt. Ich hatte seine Sachen vorbereitet und alle Wechselgarnituren und Utensilien griffbereit, die ich brauchen würde, um ihn während des Marschs zu versorgen. Tragen würde ihn dieselbe Guerillera, die ihn seit seiner Geburt betreute.

Ich habe bisher nicht viel von ihr erzählt, denn ich möchte ihr nicht schaden; vermutlich hält sie sich noch immer im Dschungel auf. Aber diese Frau verhielt sich vorbildlich. Sie bot kurz nach der Geburt meines Sohnes an, sich um ihn zu kümmern. Sie kam mich am Krankenbett besuchen und fragte: »Haben Sie etwas dagegen, dass ich Ihr Kind versorge? Vielleicht haben Sie ja ein Problem damit, weil ich sehr dick bin.«

Ich antwortete: »Danke, dass Sie fragen. Aber ich habe keine solchen Vorurteile. Wenn der Kommandant Ihnen die Erlaubnis gibt, bin ich einverstanden. Wichtig ist nur, dass Sie sich wirklich um das Kind kümmern wollen. Und ich stelle mir vor, dass Sie sehr gut kochen. Sie werden nicht zulassen, dass mein Kind Hunger leidet.«

Also begann sie für Emmanuel zu sorgen.

Ende September kam eines Abends, als gerade die Dunkelheit hereinbrach, der Sanitäter, um uns mitzuteilen, dass es so weit sei und dass wir uns für den Aufbruch fertig machen sollten. Am folgenden Morgen würden wir uns in Marsch setzen. Er sagte uns, wir sollten nur mitnehmen, was unbedingt nötig sei. Mein Baby würde in einer Bauchschlinge getragen werden, die Ingrid angefertigt hatte. Sie war schon vor der Geburt des Kindes auf die Idee gekommen, dass wir vielleicht einmal eine Trage brauchen würden. Das war eine schöne Geste ihrerseits gewesen.

Im Morgengrauen waren wir alle marschbereit. Wir hatten die Baracke aufgeräumt und unsere Matratzen eingerollt. Wir waren alle von nervöser Erwartung erfüllt. Man gab uns eine Flasche Wodka, die sich die Geiseln teilen sollten. Einer der Amerikaner, der möglicherweise ahnte, dass sie uns während des Marschs voneinander trennen würden, kam herüber und sagte: »Stoßen wir an, und verzeihen wir einander. Ich will kein Problem mehr mit Ihnen haben, nie mehr.«

Ich wusste seine freundliche Geste zu schätzen. Es war nicht das erste Mal, dass er versuchte, die Spannungen zwischen uns abzubauen.

Wir verabschiedeten uns freundlich voneinander und brachen auf.

Wir bildeten einen langen Zug von achtunddreißig Gefangenen und etwa zweihundert Guerilleros. Ich ging weit vorne, damit ich in der Nähe der Frauen war, die mein Kind trugen. Nach wenigen Stunden wurde mir klar, dass ich zu schwach war, um all meine Sachen zu tragen, und es blieb mir nichts anderes übrig, als die Matratze und eine Handtasche zurückzulassen. Beim zweiten Halt trennte ich mich von der Hälfte meiner Sachen, weil mich das Gewicht immer noch überforderte. Ich behielt nur das Zelt, das Moskitonetz, die Hängematte, eine zweite Garnitur Kleidung, ein Handtuch, das Geschirr, die Körperpflegeartikel und die Haut der Schlange, die damals im Fluss aufgetaucht war und die ich wie eine Kriegstrophäe aufbewahrte und täglich zum Trocknen aufhängte. Doch auch nachdem ich den Großteil meiner Habseligkeiten zurückgelassen hatte, wog mein Rucksack noch etwa fünfzehn Kilo.

Der Marsch durch den Dschungel war hart, aber ich gewöhnte mich jeden Tag ein wenig besser an die Strapazen. Dies war zweifellos der schwerste Marsch, den wir bis dahin absolviert hatten, vor allem weil wir die ganze Zeit die Armee auf den Fersen hatten und uns schnell bewegen mussten.

Die Guerilleros waren sehr angespannt, und unter dem Einfluss großer Müdigkeit fällt man keine guten Entscheidungen. Wir mussten jeden Morgen um fünf Uhr aufstehen. Dann zog ich die Kleider an, die ich am Vorabend gewaschen und zum Trocknen aufgehängt hatte. Ich ging zur Latrine, wusch mir das Gesicht, putzte mir die Zähne und kehrte zu meinem Schlafplatz zurück, um das Moskitonetz, die Hängematte, die Plastikplane und die Zeltplane zusammenzulegen und in den Rucksack zu stopfen. Wenn es geregnet hatte, versuchte ich die Plane zu trocknen, damit sie nicht modrig wurde.

Um sechs Uhr erhielten wir das Frühstück, das wir stets sehr schnell zu uns nehmen mussten, um anschließend rasch das Geschirr abzuwaschen und das Essen für den Mittag einzupacken. Wenn das erledigt war, schnürte ich den Rucksack zu und wuchtete ihn mir auf den Rücken, um zu prüfen, ob ich das Gewicht tragen konnte. Ich stellte die Trageriemen ein, kämmte mich und wartete auf den Marschbefehl. Den militärischen Rhythmus hatte ich vollkommen verinnerlicht.

Normalerweise brachen wir kurz nach sechs Uhr auf. Vor dem Abmarsch ging ich hinüber zu den Guerilleras im vorderen Teil des Zuges, um meinen Sohn zu begrüßen. Ich wollte ihm zumindest einen Kuss geben, bevor sich die Gruppe in Bewegung setzte. Das Baby schlief immer sofort ein. Ich ging hinter ihm, vor einer Gruppe von Kranken, die teilweise selbst gingen, während andere auf Tragbahren transportiert werden mussten. Alle zwei bis drei Stunden rasteten wir, und da ich bei der ersten Pause bereits Hunger hatte, schlang ich rasch meine Mittagsration hinunter, während noch die Nachhut eintraf. So verringerte ich das Gewicht meiner Ausrüstung und hatte bei der zweiten Rast ein wenig Zeit für mein Baby, während die anderen aßen.

Nach dem Mittagessen konnten wir etwas ausruhen, um anschließend weiterzumarschieren, bis die Guerilleros bei Einbruch der Dunkelheit einen geeigneten Platz für das Nachtlager suchten und uns unsere Schlafplätze zuwiesen. Wenn wir einen Lagerplatz erreichten, hängten wir als Erstes unsere Hängematten auf und machten uns für das Bad im Fluss bereit. Ich sprang normalerweise bekleidet ins Wasser, um die Hosen vom Schlamm zu befreien und den Schweiß auszuspülen. Anschließend kehrte ich zu meinem Schlafplatz zurück, zog mich aus und schlüpfte in die zweite Kleidergarnitur, die ich über Nacht trug. Gegen neunzehn Uhr wurden wir zum Essen gerufen, aber ich war oft so erschöpft, dass ich auf diese Mahlzeit verzichtete und mich sofort schlafen legte.

Wir marschierten jeden Tag fast zehn Stunden, was eine gewaltige Anstrengung für uns alle war. Besonders groß waren die Strapazen für die Soldaten und Polizisten, die jeweils zu zweit mit Halsketten aneinandergefesselt waren. Es war schrecklich, mit ansehen zu müssen, wie sie sich in Ketten durch das Dickicht schleppten. Der Anblick erinnerte an Szenen aus einem Film über die Sklaverei. Die Soldaten waren die ganze Zeit mit Ketten gefesselt, und in der Nacht wurden sie zusätzlich an einen Baum gebunden, sodass sie sich praktisch nicht bewegen konnten. Den Zivilisten wurden nur in Ausnahmefällen Ketten angelegt, und die Amerikaner und die Frauen wurden meines Wissens überhaupt nie gefesselt – die einzige Ausnahme waren Ingrid und ich nach unserem gescheiterten Fluchtversuch.

Die Guerilleros schickten stets eine kleine Vorhut los, die einen Weg durch das Dickicht schlagen sollte. Diese Gruppe fällte auch Bäume, die über kleine Flüsse gelegt wurden, damit wir sie einzeln überqueren konnten. Es kostete sehr viel Kraft, mit der Ausrüstung auf dem Rücken das Gleichgewicht zu halten. Wer einen falschen Schritt tat, stürzte mit dem schweren Rucksack auf dem Rücken mehrere Meter in die Tiefe. Manchmal überquerten wir ein ausgetrocknetes Flussbett, und wer dort stürzte, tat sich sehr weh.

Besonders vorsichtig mussten natürlich die angeketteten Soldaten sein, die paarweise auf dem Baumstamm balancieren mussten. Wenn sie das Gleichgewicht verloren, mussten sie sich zur selben Seite fallen lassen, um sich nicht mit der Kette zu strangulieren.

An einem Tag mussten wir ein besonderes Wagnis eingehen – zumindest empfand ich es so. Gegen Mittag erreichten wir das Ufer eines großen Flusses, der etwa fünfzig Meter breit und mehrere Meter tief war. Die Strömung war so stark, dass man ihn weder schwimmend noch mit einem Floß überqueren konnte. Also mussten wir uns an einem Seil entlanghangeln, das die Guerilleros von einem Ufer zum anderen gespannt hatten. Wenigstens mussten wir die Ausrüstung nicht selbst hinüberschaffen.

Als Erste zogen sich die Amerikaner hinüber, dann folgte eine Frau. Ich war als Fünfte an der Reihe. Zu meiner Überraschung schafften wir es ohne Probleme ans andere Ufer, wobei wir bis zu den Knien im Wasser hingen. Als wir die andere Seite erreicht hatten, sahen wir zu, wie die Nächsten folgten. Vielen von ihnen stand panische Angst ins Gesicht geschrieben, da sie nicht schwimmen konnten. Mein Sohn zählte ebenfalls zu den Ersten, die herübergebracht wurden. Er wurde in eine Plastikschüssel gelegt, die mehrere Guerilleras wie eine Seilbahnkabine hinter sich herzogen. Damit ich mir keine Sorgen machte, hatten sie mir nicht erklärt, wie sie das Baby befördern würden. Ich war glücklich zu sehen, dass er ganz ruhig war und keinen Tropfen Wasser abbekam, so als befände er sich auf einem Spaziergang.

Es dauerte einige Zeit, bis die ganze Gruppe den Fluss überquert hatte. Alle schafften es auf die andere Seite, sogar die angeketteten Soldaten, die jedoch sehr kämpfen mussten. Ich sah ein gutes Omen darin, dass wir diese Prüfung bestanden hatten, und verstand es als Signal dafür, dass wir alle gerettet würden.

Wir bewegten uns wochenlang mühsam durch den Dschungel. Eines Morgens gegen Ende Oktober trat Ingrid an mich heran, was mich überraschte, da wir eigentlich nicht mehr miteinander sprachen. »Clara«, sagte sie, »sie werden uns in mehrere Gruppen aufteilen.«

Tatsächlich waren die Guerilleros mit einer Liste gekommen, von der sie nun die Namen der Geiseln aufriefen, die den einzelnen Gruppen zugeteilt worden waren. Sie sagten, die Armee sei uns dicht auf den Fersen, weshalb es besser sei, kleinere Gruppen zu bilden, die beweglicher sein würden. Wir gingen hinüber, um zu erfahren, welcher Gruppe wir angehörten.

Ingrid war mit mehreren Armeeangehörigen in einer Gruppe. Es überraschte mich, dass man eine einzelne Frau in eine Männergruppe steckte. Aber da ich bereits einen sehr hohen Preis dafür bezahlt hatte, dass ich am Tag der Entführung gefragt hatte, wohin man sie bringe, beschloss ich, diesmal zu schweigen. Für mich war wichtig, dass ich mit meinem Kind zusammenblieb.

Ingrid und ich hatten seit so langer Zeit kaum noch Kontakt zueinander gehabt, dass es mir nicht in den Sinn gekommen wäre, darum zu bitten, uns nicht voneinander zu trennen. Und dasselbe galt offenbar auch für Ingrid. Böse Zungen behaupteten, sie habe die Kommandanten ausdrücklich gebeten, sie von mir zu trennen, da sie meine Gegenwart nicht ertragen konnte. Ich gab nicht viel auf diese Kommentare, denn ich hielt es nicht für möglich, dass sie so weit gegangen war; außerdem glaubte ich nicht, dass die Kommandanten einer solchen Forderung nachgegeben hätten.

Als es so weit war, ging ich zu ihr hinüber, um mich zu verabschieden. Ich schlug ihr vor, gemeinsam mit mir um den Beistand der Jungfrau von Guadalupe zu bitten. Ich war aufrichtig davon überzeugt, dass uns die Guerilleros wie bei anderen Gelegenheiten zu einem späteren Zeitpunkt wieder zusammenführen würden. Und als die Gruppe mit meinem Kind aufbrach, schloss ich mich ihr ohne Murren an.

Meiner Gruppe gehörten auch die beiden anderen Frauen, die drei Amerikaner, einige Soldaten und Polizisten sowie mehrere Zivilisten an. Diese insgesamt sechsundzwanzig Geiseln blieben mehrere Tage zusammen. Dann wurden mehrere Polizisten und Soldaten ausgesondert, von denen wir nie wieder etwas hörten. Unter ihnen war auch José Libardo Forero[28], mit dem ich lediglich einige Minuten während des Marsches gesprochen hatte.

Ich kümmerte mich gerade um das Baby, als er gemeinsam mit einem Kameraden an mich herantrat, um sich zu verabschieden. Er drückte mir ein Exemplar des Neuen Testaments und ein Kruzifixbild in die Hand und sagte: »Clara, stellen Sie sich gemeinsam mit Ihrem Sohn Emmanuel unter den Schutz des Heiligen Kreuzes. Schwanken Sie keinen Augenblick.«

Das Bild des Kreuzes klebte ich einige Monate später auf die Rückseite eines Fotos von meinem Sohn, und beide begleiteten mich bis zum Tag meiner Befreiung. José Libardo sah ich nie wieder, aber ich denke mit Zuneigung an seine Großherzigkeit und seine einfache Würde zurück.

Als er mit den übrigen Angehörigen seiner Gruppe abmarschiert war, blieben achtzehn Geiseln zurück, die bis zum 31. Oktober gemeinsam weiterzogen. Ich erinnere mich an das genaue Datum, weil es der Tag von Halloween war. Nachdem wir lange Zeit Mangel und teilweise sogar Hunger gelitten hatten, hatte ich Lust auf etwas Süßes und bat um ein Stück getrocknete Zuckerrohrmelasse, da ich glaubte, dass dies wohl das Einzige sei, was die Guerilleros hätten. Tatsächlich erhielt jeder von uns ein Stück. Ich zerbrach die Panela in kleine Häppchen, um sie mir einzuteilen, und steckte sie in eine Plastiktüte, um sie vor den Ameisen zu schützen. Jeden Tag aß ich ein Stück davon, was mir half, meine Energiereserven ein wenig aufzufüllen.

Nach wenigen Tagen teilten uns die Guerilleros mit, dass sie die Gruppe erneut aufteilen würden. Die Amerikaner und einige Soldaten und Polizisten wurden von uns getrennt. Unter den Uniformierten war auch der Hauptmann Julián Guevara, von dessen Tod wir Monate später aus dem Radio erfuhren.[29] Als wir getrennt wurden, hatte er bereits gesundheitliche Probleme. An diesem Tag nahmen sie ihm die Ketten ab, weil er unter Ödemen in den Beinen litt. Das gleiche Problem hatte auch der Oberst Luis Mendieta[30], der in unserer Gruppe blieb und die Erkrankung, deren Ursache wir nie erfuhren, überlebte. Vielleicht litten die beiden Männer unter einer Vergiftung.

Im November wurde der für uns zuständige Kommandant ausgetauscht. Unsere Bewachung übernahm nun eine Gruppe sehr junger Guerilleros unter dem Kommando eines Mannes namens Jerónimo. Diese Guerilleros wirkten wie Kinder auf mich; ich glaube, kaum einer von ihnen war älter als vierzehn Jahre. Trotzdem hatten sie Gewehre geschultert.

Der neue Kommandant sagte zu uns: »Von jetzt an wird niemand mehr Hunger leiden.« Er hielt sein Versprechen und beschaffte Fleisch, Maniok, Bananen und hin und wieder sogar Gemüse wie Karotten und Tomaten. Er ließ Suppen und ein typisches kolumbianisches Gericht namens Sancocho kochen, das Maniok, Bananen, Kartoffeln, Zwiebeln und ein wenig Fleisch enthält. Unsere Ernährung wurde deutlich besser.

Zu jener Zeit marschierten wir schon nicht mehr täglich, sondern blieben an jedem Ort zwei oder drei Tage. Ende November schlugen wir schließlich ein Lager auf, in dem wir zwei Monate lang blieben.

Das erste Weihnachtsfest mit meinem Sohn

Weihnachten zählt zu den Zeiten, die in Gefangenschaft besonders schwer zu ertragen sind, vor allem für Menschen, die daran gewöhnt sind, mit ihren Familien und Freunden ein harmonisches und frohes Fest zu verbringen und das eine oder andere besondere Festessen zu genießen.

In Kolumbien ziehen sich die Feiertage lang hin: Sie beginnen traditionell in der Nacht des 7. Dezember, wenn die Kerzen für das Fest der heiligen Jungfrau am folgenden Tag angezündet werden. In der Novene, der neuntägigen Andachtszeit zwischen dem 16. und 24. Dezember, kommen täglich Freunde und Verwandte zusammen, um mit gemeinsamen Gebeten die Ankunft des Sohns Gottes zu feiern. Es ist Brauch, anschließend Weihnachtslieder zu singen und Windbeutel und eine Cremespeise zu essen. In diesen Tagen werden auch der Weihnachtsbaum geschmückt und die Krippe aufgestellt.

Am 24. Dezember erhalten die Kinder Geschenke. Am 31. Dezember wird das Neujahrsfest mit Feuerwerk gefeiert. Das Weihnachtsfest endet am 6. Januar mit dem Einzug der Heiligen Drei Könige.

Im Dschungel gibt es keine Weihnachtsstimmung. Es

werden keine Kerzen angezündet; die Nächte sind rabenschwarz. Man vermisst die menschliche Wärme, die Großzügigkeit und die Freude, die das Weihnachtsfest prägen sollten. Die Tage sind einer wie der andere, ob es nun der 24. oder der 31. Dezember ist. Man isst und tut immer das Gleiche; der einzige Unterschied zu den übrigen Tagen des Jahres ist, dass man noch ein wenig mehr unter der Trübsal und der Einsamkeit leidet. Die Guerilleros hingegen scheint das nicht zu berühren, denn sie feiern das Weihnachtsfest nicht. Vielleicht haben sie es nie kennengelernt; jedenfalls ignorieren sie es vollkommen und vermitteln den Eindruck, als würden sie überhaupt nichts vermissen, nicht einmal ihre Mütter.

Dennoch war das Weihnachtsfest des Jahres 2004 selbst im Dschungel etwas Besonderes für mich, denn es war das erste, das ich gemeinsam mit meinem Sohn verbrachte.

Wir mussten seit einiger Zeit nicht mehr alle paar Tage den Lagerplatz wechseln, sondern hatten uns an einem festen Ort niedergelassen. Wir schliefen praktisch unter freiem Himmel, aber die Ernährung war besser geworden, und die Guerilleros hatten uns ein Radio gegeben, vor dem wir uns jeden Morgen von fünf bis acht Uhr und abends ab sechs Uhr versammelten. Wir hatten auch einige Kartenspiele und zusätzliche Kleidergarnituren erhalten, und für meinen Sohn überreichten mir die Guerilleros eine weitere Packung Wegwerfwindeln und zwei neue Fläschchen. Aber vor allem brachten sie einen Laufstuhl für ihn mit. Emmanuel konnte zu jener Zeit bereits sitzen, und ich setzte ihn in dieses Gerüst, das eine Tischplatte mit einem roten Telefon beinhaltete. In dem Laufstuhl konnte er essen und sich nach Belieben bewegen. Die Guerilleros hatten mir außerdem eine grüne Plastikbadewanne und einige Flaschen Babyshampoo gebracht. Der Kleine liebte das Baden, und mir gefiel es sehr, ihn zu waschen, denn anschließend duftete er wunderbar. Mit dieser großzügigen Sendung trafen in einer Art Kühlbox aus Styropor auch fünfzig Packungen Eis ein. Jeder Gefangene erhielt ein Eis am Stiel. Der Kleine war glücklich über sein erstes Eis, das aus Vanille und Schokolade bestand. Im Dschungel war das ein Festschmaus.

Am ersten Dezembertag bat ich um Erlaubnis, einen Busch absägen zu dürfen, den ich auf der Freifläche aufstellte, auf der wir unsere Mahlzeiten einnahmen. Ich hatte die Eisverpackungen meiner Kameraden eingesammelt, aus denen ich nun Weihnachtsbaumkugeln machte. Ich forderte meine Mitgefangenen auf, sich an den Vorbereitungen für das Fest zu beteiligen, und zu meiner Überraschung kramten die vier Uniformierten die Karten hervor, die ihnen ihre Familien in den vergangenen Jahren geschickt hatten. Andere bastelten Sterne und sonstigen Schmuck und trugen ihren Teil zur Verzierung des Baums bei. Im Hintergrund liefen die Hühner und einige Schweine herum, und mein Sohn hatte offensichtlich großen Spaß an dem Schauspiel.

Der Kleine schlief weiterhin bei den Guerilleras, denn

sie hatten den Befehl, ihn im Fall eines Angriffs als Ersten in Sicherheit zu bringen. Der Comandante Jerónimo ließ mich jedoch inzwischen mehr Zeit mit Emmanuel verbringen. Sie brachten mir das Kind frühmorgens und ließen es fast bis zum Einbruch der Dunkelheit bei mir, weshalb ich dem Kleinen alle Mahlzeiten gab und ihn oft auch badete. Als die Zeit der Novene gekommen war, fertigte einer der Polizisten eine behelfsmäßige Rassel an, mit der wir die Weihnachtslieder rhythmisch begleiten konnten, und jeden Morgen beteten und sangen wir. Der Kommandant schenkte uns drei Hühner, zwei kleine weiße Hühnchen und einen Hahn. Die Uniformierten hegten die Tiere, und Ende Dezember schlüpften einige süße Küken. Was für ein Gesicht mein Sohn machte, als er sie sah! Die Hühner wurden Mitglieder unserer Gruppe, und die Beschäftigung mit ihnen half uns, uns ein wenig zu entspannen. All diese Kleinigkeiten machten jenes Weihnachtsfest sehr viel angenehmer als die vorangegangenen in Gefangenschaft.

Das einzig Betrübliche war, dass wir aus dem Radio erfahren mussten, dass die Schwester eines unserer Kameraden gestorben war. Wir litten alle sehr mit ihm.

Das folgende Weihnachtsfest konnte ich nicht mehr mit Emmanuel verbringen, aber ich war fest entschlossen, die Novene zu absolvieren, zu beten und die Weihnachtslieder zu singen. So fühlte ich mich meinem Sohn näher. Mehrere Mitgefangene standen mir dabei zur Seite.

Ein weiteres Weihnachtsfest, das ich in Anbetracht

der Umstände in einigermaßen guter Erinnerung behalten habe, ist das letzte in Gefangenschaft, denn ich war glücklich über unsere bevorstehende Freilassung, und ich freute mich auf ein baldiges Wiedersehen mit meinem Sohn. In jenen Tagen erbat ich täglich den Schutz des Herrn und der heiligen Jungfrau und versuchte, möglichst ruhig zu bleiben.

Von Emmanuel getrennt

Mitte Januar 2005 erlitt Emmanuel eine Verletzung im Gesicht, und seine linke Wange entzündete sich. Die Ursache war vermutlich ein Mückenstich. Sie säuberten ihm die Wunde und deckten sie mit Gaze ab, damit sie verheilen konnte. Doch anstatt auszuheilen, wurde die Wunde im Lauf der Tage immer größer. Offensichtlich schmerzte sie sehr, denn der Kleine schrie unentwegt und versuchte, sich den Wundverband herunterzureißen.

Ich begann, mir Sorgen zu machen, und wies den neuen Sanitäter auf die Verletzung hin. Der junge Mann war zwar sehr bemüht, meiner Meinung nach jedoch ziemlich unerfahren. Außerdem waren seine Mittel beschränkt: Er verfügte nicht einmal über Heftpflaster.

Da sich der Zustand meines Sohns nicht besserte, wandte ich mich an den Kommandanten. Jerónimo sagte mir, dass der Junge möglicherweise an Leishmaniose[31] leide. Ich fragte ihn, ob sie geeignete Medikamente hätten, und beklagte mich bei dieser Gelegenheit auch darüber, dass Emmanuels Arm immer noch nicht richtig behandelt worden sei. Der Kommandant antwortete, das Kind müsse mit einem speziellen Antibiotikum behandelt werden, da man ihm das für Erwachsene bestimmte Präparat nicht geben könne. Das Kinderpräparat hätten sie jedoch nicht im Lager. Sie müssten es sich bringen lassen, was schwierig sei, da sich die Armee in der Nähe befinde.

Ich wurde nervös und hielt ihm entgegen: »Und wann wird dieses Medikament eintreffen? Mein Sohn kann nicht warten! Warum übergeben Sie ihn nicht dem Internationalen Roten Kreuz, damit er behandelt und zu meiner Mutter geschickt werden kann? Sie wissen genau, dass dies hier kein Ort für ein Baby ist. Wir müssen sein Leben retten! Sie selbst haben gerade gesagt, dass die Armee in der Nähe ist, und ich möchte gar nicht daran denken, wie es wäre, mit dem Kleinen in eine militärische Auseinandersetzung zu geraten. Man wird Sie der Barbarei beschuldigen, wenn Sie ein Baby einer solchen Situation aussetzen. Wir haben es geschafft, das Kind durch eine schwere Zeit zu bringen. Sie können nicht zulassen, dass es jetzt stirbt.«

Wenige Tage später saß ich mit Emmanuel bei den Küken, als der Kommandant an mich herantrat und sagte: »Ihr Sohn hat zweifellos Leishmaniose. Wir werden ihn zur Behandlung für zwei Wochen an einen anderen Ort bringen. Anschließend bekommen Sie ihn zurück. Sind Sie damit einverstanden?«

Ich zögerte keinen Augenblick. »Selbstverständlich«, sagte ich, »aber ich würde ihn gerne begleiten.«

»Sie wissen, dass das unmöglich ist«, erwiderte er. »Niemand darf Sie sehen, sonst sind wir alle verloren. Bereiten Sie sich auf den Abschied vor! Am 23. Januar ist Vollmond, in dieser Nacht werden wir Ihren Sohn hinausbringen.«

Ich bat ihn, das Baby zumindest mit der Guerillera zu schicken, die Emmanuel seit seiner Geburt betreut hatte.

Er wurde wütend. »Verdammt, was für ein halsstarriges Weib! Niemand darf gesehen werden, keine Gefangene und vor allem niemand von der Guerilla! Er wird mit dem Boot abgeholt.«

Ich war bestürzt und musste mich bei der Rückkehr in meine Hütte sehr bemühen, in Emmanuels Gegenwart nicht in Tränen auszubrechen. Anscheinend spürte er dennoch etwas.

Einer meiner Mitgefangenen kam, um sich nach Jerónimos Entscheidung zu erkundigen. Ich erzählte ihm, dass sie den Jungen wegbringen würden, um ihn zu behandeln, und dass ich ihn in zwei Wochen zurückbekommen würde.

»Und dem haben Sie zugestimmt?«, fragte er überrascht.

Ich sagte ihm, dass ich der Guerilla nicht die Möglichkeit geben wollte, sich mit der Erklärung, ich hätte eine Behandlung verweigert, aus der Verantwortung zu ziehen, sollte sich der Zustand des Kindes verschlechtern.

Von diesem Moment an versuchte ich, meinem Kind besonders schöne Tage zu bereiten und jeden Augenblick mit ihm zu genießen. Wenn ich dem Kleinen vorlas, hörte er mir ganz still zu. Einmal zündete ich eine

Kerze an, suchte einen Vers über den Glauben aus der Bibel heraus, las ihn Emmanuel vor und sagte ihm folgende Worte: »Mein Baby, du bist noch sehr klein, aber du sollst wissen, dass deine Mutter dich über alles liebt. Du bist das Licht meines Lebens, und Gott der Allmächtige wird uns wieder zusammenführen. Du musst glauben und die Gewissheit haben, dass es so sein wird. Sie werden dich an einen anderen Ort bringen. Ich werde jeden Augenblick an dich denken, bis ich wieder bei dir bin. Sei ganz ruhig, denn du hast die Gewissheit, dass du nicht allein bist. Mein Sohn, ich liebe dich mehr als alles auf der Welt. Und so klein du bist, hast du bewiesen, dass du besondere Lebenskraft besitzt. Das muss einen Grund haben. Denke immer daran: Ich liebe dich.«

Ich löschte die Kerze, küsste ihn und drückte ihn fest an mich. Der Kleine lachte, denn er hielt das alles für ein Spiel. Ich war froh, dass er nicht begriff, was geschah. Ich schwor mir, nicht zu weinen und kein Drama aus dem Abschied zu machen, um wenigstens dem Kind die Trennung leichtzumachen.

Am 23. Januar um zehn Uhr vormittags brachten sie ihn mir gewaschen und frisch eingekleidet: Er trug winzige Jeans und ein Hemd. Der Kleine war barfuß, und ich hatte keine Schuhe für ihn. Wir blieben bis zum frühen Abend zusammen. Dann kam ihn ein Guerillero holen. Ich hatte mich bereits allein von ihm verabschiedet, und nun tat ich es noch einmal, ganz ruhig, als wäre dies ein Tag wie jeder andere, um zu vermeiden, dass mein Kind begriff, dass dies tatsächlich ein Abschied war.

Der Kleine war sehr süß zu jener Zeit und hatte helles Haar wie ich als Kind. Ich hatte ihm einige Tage vorher die Haare geschnitten und eine Locke in einer Schachtel aufgehoben. Diese Locke habe ich noch immer. Bevor ich ihn dem Guerillero übergab, umarmte ich Emmanuel zärtlich und erflehte Gottes Schutz für ihn.

In der Nacht kam das Boot. Ich hörte, wie sich das Motorengeräusch entfernte. Dort verschwand mein Sohn Emmanuel. Er war erst acht Monate alt, und ich wusste nicht, wohin man ihn brachte.

Am folgenden Morgen spürten alle seine Abwesenheit. Er hatte stets das Lager geweckt, denn er schlug jeden Morgen als Erster die Augen auf, und sein fröhliches Gebrabbel war im ganzen Lager zu hören gewesen. Er hinterließ eine große Lücke.

Nie zuvor in meinem Leben war ich in solche Traurigkeit und Niedergeschlagenheit versunken. Ich verbrachte meine Tage allein, wollte mit niemandem sprechen und konnte kaum essen.

Eines Morgens machte ich mich daran, meine Ausrüstung für den Abmarsch vorzubereiten, da wir wieder an einen anderen Ort gebracht werden sollten. Ich hatte eine Schere in der Hand, um ein Kleidungsstück auszubessern, als eine Mitgefangene an mich herantrat, um mich etwas zu fragen. Ich weiß nicht, was ihr durch den Kopf ging, als sie mich mit der Schere in der Hand sah, aber kurze Zeit später nahmen sie mir die Schere ab – dabei hätte ich sie später sehr gut brauchen können. Vermutlich befürchteten sie, ich könne Selbstmord begehen, was mir nie in den Sinn gekommen wäre. So traurig ich auch war, für meinen Sohn wollte ich unbedingt leben.

Zermürbendes Warten

Anfang Februar wechselten wir erneut den Ort, und für mich begann eine weitere düstere Zeit in Gefangenschaft. Das Lager, in das sie uns nun brachten, befand sich an einem unwirtlichen, kalten Ort, wo man überall im Schlamm versank. Die neuen Kommandanten der Wachmannschaft nannten sich »45« und »Boris«. Als ich sie nach meinem Sohn fragte, antworteten sie mir, sie hätten ihn noch nie gesehen und wüssten nichts über seinen Verbleib.

Diese Antwort erschütterte mich. Bis dahin hatten alle Kommandanten das Kind zumindest gekannt, und das hatte die Situation erträglicher gemacht. Doch diese beiden hatten praktisch noch nichts von ihm gehört.

Wenige Tage nach unserer Ankunft in diesem Lager wurden drei Radios unter den Gefangenen verteilt. Es gab zwei große, neue Geräte, die für jeweils eine ganze Gruppe bestimmt waren. Mir gaben sie ein kleines, gebrauchtes Radio für mich allein, vermutlich um meine Traurigkeit ein wenig zu lindern. Ich konnte Kurzwellensender damit empfangen, und obwohl es nicht so leistungsstark war wie die großen Geräte, half es mir sehr, mein Befinden zu verbessern.

Ich litt unter großem Mangel. Die Kleidung war auf

eine Garnitur für den Tag und eine zweite für die Nacht beschränkt. Ich hatte die Guerilleros noch nicht dazu bewegen können, mir Spielkarten, ein Schachspiel oder irgendein anderes Spiel zu geben, mit dem ich mir ein wenig die Zeit hätte vertreiben können. Meine einzigen Beschäftigungen bestanden darin, das Neue Testament und ein kleines Buch über die menschliche Evolution zu lesen, das mir einer der Offiziere geschenkt hatte. Es gab keine Hefte und kein Garn, sodass ich mich nicht einmal damit ablenken konnte, etwas zu schreiben oder zu nähen.

Die Beziehung zu den anderen Geiseln war eher kühl. Ich hatte zu keinem von ihnen engeren Kontakt, und da ich so niedergeschlagen war, konnte ich mich auch nicht dazu aufraffen, auf sie zuzugehen. Stattdessen beschränkte ich mich darauf, sie morgens und bei den Mahlzeiten freundlich zu grüßen. Ich zog es vor, eine gewisse Distanz zu wahren, um die mit der Gefangenschaft verbundenen Probleme nicht noch zu verschärfen. Abgesehen von gelegentlichen Meinungsverschiedenheiten blieb das bis zum Ende so.

In diesem Lager war es extrem feucht, da es in unmittelbarer Nähe eines Flusses lag. Jedes Mal, wenn es regnete, verwandelte sich der Boden in einen tiefen Morast. Ich schlief in einer Hängematte, und um zu vermeiden, dass jeder Regenschauer den Boden in einen Teich verwandelte, grub ich an den Seiten meines Unterschlupfs Ablaufrinnen. Die Zeltplane hatte ich mit einem Rest Garn geflickt, damit sie noch für eine Weile das Wasser abhielt, obwohl sie damals schon von den Ameisen zerfressen war. Ich bat den Kommandanten, mir eine weitere Plane zuzuteilen, um meine Behausung ein bisschen abzudichten, denn der Wind und die Kälte drohten unsere Lungen und Nieren anzugreifen. Zu diesem Zeitpunkt hatten wir uns alle von den im Dschungel üblichen gesundheitlichen Problemen wie Gelbfieber und Malaria erholt. Wir litten nur noch unter Verdauungsbeschwerden, die mit Alka-Seltzer einigermaßen unter Kontrolle gebracht werden konnten. Jeden Morgen und jeden Nachmittag versuchte ich, eine Stunde zu gehen. Dennoch war mir ständig kalt, da mir die Feuchtigkeit in die Knochen kroch.

Irgendwann trafen neue Vorräte ein. Die Guerilleros begannen, uns zum Essen das eine oder andere Getränk mit Maismehl oder Hafer zu geben, und als ich sah, dass sie auch Milchpulver mitgebracht hatten, bat ich den Kommandanten um die Erlaubnis, Milchreis für alle kochen zu dürfen, wenn sie mir schon keine Milch gaben, obwohl ich das Kalzium nach der Schwangerschaft dringend gebraucht hätte. Der Kommandant hatte keine Ahnung, was Milchreis war; der Arme hatte offenbar keine Mutter gehabt, die ihm diese Köstlichkeit gekocht hatte. Deshalb gab ich ihm das Rezept, und obwohl die Hälfte der Zutaten fehlte, machten sie uns mehrfach Milchreis, den sie manchmal mit Zucker und manchmal mit Zuckerrohrextrakt süßten. Meine Mutter bereitete diesen Nachtisch immer zum Neujahrsfest zu, und in dieser Situation, in der ich sie mehr denn je vermisste, fühlte ich mich ihr allein dadurch näher, dass ich diese Speise essen konnte – auch wenn sie den Guerilleros nicht annähernd so gut gelang wie ihr.

Am 23. Februar jährte sich meine Entführung zum dritten Mal, und an diesem Tag hörte ich meine Mutter im Radio. Es machte mich sehr glücklich, ihre abgehackte Stimme zu hören. Sie sprach darüber, dass sie die Obstbäume pflegte, die ich einen Monat vor meiner Entführung im Garten unseres Landhauses gepflanzt hatte.

Genau an diesem Tag hatte ich mit der Hacke den Boden bei meiner Hütte bearbeitet. Ich hatte das Bedürfnis gespürt, zu meinen Wurzeln zurückzukehren, und deshalb berührte mich diese Botschaft meiner Mutter besonders. Ich fühlte mich ihr sehr nahe. Im Radio wurde auch eine Reportage über sie verlesen, die kurz zuvor in einer Zeitung erschienen war.

Ich erzählte es dem stellvertretenden Kommandanten Boris, der stets bei den Wachen war. Hin und wieder trat ich an ihn heran und berichtete ihm die Neuigkeiten – obwohl es eigentlich übertrieben ist zu sagen, dass ich an ihn herantrat, denn die Mindestdistanz zwischen den Gefangenen und den Guerilleros betrug normalerweise etwa acht Meter. Es erleichterte mich, ihm von den Nachrichten über meine Familie und von der Beklemmung zu erzählen, die mich erfasste, wenn ich hörte, dass sie unter meiner Abwesenheit litten.

Er antwortete mir nie, aber zumindest hörte er aufmerksam zu. Als ich ihn einmal um die Zeitung bat, begann er zu lachen, denn unsere Bewacher verstanden nicht, warum es für die Geiseln – zumindest für mich – so wichtig war, die Nachrichten zu lesen. Es ist nicht dasselbe, ob man von etwas hört oder darüber liest, aber die Guerilleros sahen darin keinen Unterschied. Dennoch brachte er mir wenige Tage später zwei populäre Zeitschriften, *Cambio* und *Semana*. Es handelte sich um ältere Ausgaben, aber das war mir egal. Ich las sie zur Gänze. Sie gefielen mir, weil sie breit gefächerte Themen behandelten: das politische Tagesgeschehen, kulinarische Tipps, Gesundheitsfragen, Wirtschaft …

Im April lief auf *Caracol Radio* eine neue Sendung mit dem Titel »Hora 20« an, die um acht Uhr abends begann. Ich hörte sie mir mit großem Vergnügen an, denn dank dieser Sendung konnte ich mich über all das auf dem Laufenden halten, was außerhalb dieses Waldes in der Welt geschah. Außerdem kannte ich viele der Gäste, die in der Sendung zu Wort kamen, was mir das Gefühl gab, mit der Zivilisation in Kontakt zu sein. Ich erinnere mich noch an die traurige Nachricht vom Tod Papst Johannes Pauls II., die mich in eine tiefe Trauer stürzte und meine Niedergeschlagenheit noch verstärkte.

Völlig überraschend erhielten wir den Befehl, uns erneut marschbereit zu machen. Das neue Lager war lediglich einen Fußmarsch von vier Stunden entfernt. Als wir dort eintrafen, stellten wir zu unserer großen Überraschung fest, dass der Kommandant einen riesigen Pferch von dreißig Metern Breite und fünfundfünfzig Metern

Länge hatte errichten lassen, der mit Stacheldraht eingezäunt und mit zwei Wachtürmen von je zwei Metern Höhe gesichert war. In diesen Käfig wurden sämtliche Geiseln eingesperrt. Wir fühlten uns wie in einem Hochsicherheitsgefängnis. Sogar die Holzbaracke, in der wir schliefen, war mit Stacheldraht gesichert; dasselbe galt für den Korridor, der zum Bad führte. Wir waren überall von Stacheldraht umgeben. Ich fürchtete, dass wir durchbohrt würden, wenn etwas einstürzte oder wenn es zu einer Überschwemmung käme.

Die Soldaten und Polizisten hingegen waren erleichtert ob unserer neuen Unterkunft, denn da wir nun in diesem gut gesicherten Käfig eingesperrt waren, wurden ihnen die Ketten abgenommen, die sie bis dahin Tag und Nacht um den Hals getragen hatten. Die übrigen Geiseln mussten sich damit abfinden, denn der Kommandant erklärte uns, eine andere Lösung gebe es nicht. Wir hatten zu wenig Platz, um uns zu bewegen, und sogar das Schlafen fiel uns in der beengten Baracke schwer. Und an diesem Ort sollten wir mehr als anderthalb Jahre zusammengepfercht sein. Wir blieben bis Ende des Jahres 2006 in diesem Lager.

In diesem Lager erfuhren wir Ende 2005 auch, dass der Ehemann einer der Entführten ermordet worden war.[32] Sie war am Boden zerstört, und wir litten alle mit ihr. Ich hatte ein schwarzes Hemd, das ich ihr schenkte, damit sie so etwas wie ein Trauerkleid tragen konnte.

In diesem Lager erfuhr ich im Mai 2006 außerdem, dass meine Mutter, meine Familie und das ganze Land mittlerweile wussten, dass ich in Gefangenschaft ein Kind zur Welt gebracht hatte.

Es war eine ausgesprochen trübselige und monotone Zeit, die ich als Zeit des Wartens bezeichnen möchte: Ich wartete darauf, irgendetwas über den Verbleib meines Kindes zu erfahren, von dem ich seit unserer Trennung nichts mehr gehört hatte. Und wir verfolgten, soweit es uns möglich war, die Bemühungen der Regierung um unsere Freilassung und die Verhandlungen über die sogenannte »humanitäre Vereinbarung«[33], die immer wieder ins Stocken gerieten.

Dieses Lager war ein feindseliger Ort. In der Enge des mit Stacheldraht eingezäunten Pferches brachen erneut Konflikte zwischen den Gefangenen aus, die jedoch nie ausarteten, obwohl es mehrfach zu Prügeleien zwischen einigen Männern kam, die von den Guerilleros zur Strafe für einige Tage wieder in Ketten gelegt wurden.

Ende November 2006 verlegten uns die Guerilleros in ein anderes Lager. Ich war sehr erleichtert, aus dem Pferch herauszukommen, im Gegensatz zu den Soldaten und Polizisten, denen nun wieder Ketten angelegt wurden. Wir brachen zu einem weiteren Marsch durch den Dschungel auf, der mehrere Wochen dauerte. Ich fand es wunderbar, nicht mehr eingezäunt zu sein, und freute mich über ein wenig Bewegungsfreiheit, auch wenn wir von undurchdringlichem Urwald umgeben waren.

Als wir unseren Bestimmungsort erreicht hatten, mussten wir feststellen, dass man uns in denselben Käfig zurückgebracht hatte, in dem wir vorher zusammengepfercht gewesen waren. Dort verbrachte ich das traurigste Weihnachtsfest, an das ich mich erinnern kann. Die Hubschrauber der Armee kamen immer näher und begannen, in geringer Höhe über dem Lager zu kreisen, und erneut wurde die Anspannung unerträglich. Schließlich verlegten uns die Guerilleros Ende Dezember an einen anderen Ort.

Hoffnung auf baldige Freilassung

In dem neuen Lager, in dem wir das ganze Jahr 2007 verbrachten, errichteten die Guerilleros ein großes, mit Palmwedeln gedecktes Langhaus ohne Seitenwände. Um das Haus herum bauten sie einen Holzzaun, innerhalb dessen wir umhergehen konnten. Da diese Behausung keine Wände hatte, fühlten wir uns nicht mehr so zusammengepfercht, was ich als Erleichterung empfand. Die Soldaten und Polizisten hingegen litten darunter, dass sie weiterhin am Hals angekettet waren, und nach einiger Zeit wurden sogar den männlichen Zivilisten Ketten angelegt, nachdem wir aus dem Radio von einem Befreiungsversuch gehört hatten, der mit der Flucht mehrerer Geiseln geendet hatte; außerdem war ein Polizist aus einem anderen Lager entkommen. Daraufhin verschärften die Kommandanten die Sicherheitsmaßnahmen und drohten damit, auch die Frauen anzuketten.

Aus dem vorigen Lager wurde die Toilette herbeigeschafft, was uns das Leben zusätzlich erleichterte. Außerdem wurde ein offenes Bad gebaut, wo wir uns waschen konnten. Es war fast wie auf einem Campingplatz, nur dass wir den starken Regenfällen fast ungeschützt ausgesetzt waren. Ich erkrankte an Hautleishmaniose an einem Fuß, und die Wunde schloss sich erst, nachdem man mir mehr als dreißig Spritzen gegeben hatte.

Ich dachte unentwegt an Emmanuel, von dem ich immer noch keine Nachricht erhalten hatte. Wieder und wieder flehte ich Gott an, meinen Sohn zu beschützen.

Das Osterfest im April fiel mit Emmanuels drittem Geburtstag zusammen. Ich war verzweifelt. Wir waren seit mehr als zwei Jahren voneinander getrennt. Ich lag in meiner Hängematte und schrie mindestens zwanzig Minuten lang immer wieder: »Holt mich hier raus! Holt mich hier raus. Holt mich hier raus!«

Meine Schreie waren offenbar mehrere Kilometer weit zu hören. Alle verstummten, irgendwer bat mich, ich solle mich beruhigen. Ich hatte vor Anstrengung mein Unterhemd durchgeschwitzt, ein kalter Schauer lief durch meinen Körper. Ich hatte das niederschmetternde Gefühl, vollkommen allein zu sein. Aber es geschah nichts.

Am folgenden Tag begann ich wie alle sechs Monate eine neuntägige Fastenzeit, die ich der Jungfrau Maria widmete. Ich war am Ende meiner Kräfte und konnte es nicht länger ertragen, seit so langer Zeit nichts über den Verbleib meines Kindes gehört zu haben. Seit mehr als zwei Jahren hatte man mir kein Wort darüber gesagt, was aus ihm geworden war. Das ging über meine Kräfte.

Ich glaube, es war im Mai, als wir im Radio hörten, dass der Polizeioffizier Frank Pinchao geflohen war.[34]

Pinchao war einer der Uniformierten, denen ich in einem der früheren Lager begegnet war, aber ich konnte mich kaum an ihn erinnern und wusste nicht mehr, wie er aussah. Er gab im Radio ein Interview und berichtete über seine Gefangenschaft, als ich ihn sagen hörte: »Clara brachte ihren Sohn in Gefangenschaft zur Welt, und sein Name ist Emmanuel.«

Diese Nachricht bewegte meine Mutter dazu, mit Unterstützung der Medien eine Radio- und Fernsehkampagne für meine Freilassung, vor allem aber für die Herausgabe meines Sohns anzustrengen.

Ich hörte jeden Tag im Radio die kurze Botschaft meiner Mutter, die unsere Freilassung forderte. Sie zu hören, erfüllte mich mit neuer Kraft und half mir, den Mut zurückzugewinnen, den ich fast vollkommen verloren hatte. Ich hörte auch einige Bruchstücke des Briefs, den meine Mutter an Emmanuel gerichtet hatte und im Radio vorlas:

An meinen Enkel Emmanuel
Bogotá, 24. Mai 2007

Mein geliebter Enkel Emmanuel!
Geliebtes Kind, mit deinen gerade einmal drei Jahren und deinem noch unreifen Bewusstsein kannst du die Wirklichkeit noch nicht ermessen. Deine Welt könnte sehr weitläufig sein, aber sie ist sehr beschränkt, da du nicht hinauskannst. Sie erlauben dir nicht, spazieren zu gehen. Wenn du deine noch unsi-

cheren kleinen Schritte tust, kannst du die Gefahren nicht einschätzen, denen du begegnen kannst. Du brauchst deine Mama, die dich mit all ihrer Liebe beschützt und die dir die Hand reicht, wenn du stolperst und fällst, die dich führt, damit dein Weg nicht so gefährlich ist, und die dich vor allen Bedrohungen schützt, gegen die ein kleines Kind wie du nicht gefeit ist. Aber man hat uns gesagt, dass sie nicht an deiner Seite ist. Ist das wahr? Ist sie tatsächlich nicht da, um dich zu behüten? Ist es wahr, dass sie dir nicht die Zärtlichkeit geben darf, die jedes Kind von seiner Mutter erhalten sollte? Dass sie isoliert ist? Dass sie dich von ihr getrennt haben? Wie ist das möglich? Gibt es einen Grund dafür, dass man dich und deine Mutter so leiden lässt? Auch ich als deine Großmutter leide.
Ich denke, dass du sehr süß bist, dass du sehr liebenswert bist, dass sie dich auf ihre Art schützen wollen. In deinem Alter sind die Kinder sehr niedlich. Du beginnst, die Welt zu erkunden und deinen Platz darin zu suchen. Und genau deshalb bist du so vielen Gefahren ausgesetzt. Wie gerne würde ich dich beschützen! Wie sehr würde ich dich hätscheln! Was gäbe ich dafür, dich sehen zu können! Was gäbe ich dafür, dich in meinen Armen halten zu können!
Ich sehne mich so sehr nach dir. Ich denke daran zurück, wie es war, als deine Mutter so alt war wie du jetzt. Sie war so süß mit drei Jahren, sie hatte ein so entzückendes Lächeln. Ich werde diese Augenblicke

nie vergessen. Ihr offenherziges Lächeln, ihre vollen roten Wangen, ihr reizendes, liebenswertes Gesichtchen werden mich stets begleiten. Wenn ich mir vorstelle, wie du wohl sein magst, mein Liebling Emmanuel, denke ich an ihre goldenen Löckchen. Ich stelle mir vor, dass du deiner schönen Mutter ähnelst, die ihrem Vater und mir von klein auf so viel Freude und Glück bereitete, als Gott uns nach vier Jungen mit einer wunderbaren Tochter beschenkte, der wir den Namen Clara Leticia gaben, was auf Lateinisch ›reine Freude‹ bedeutet.

Diesen Namen suchte mein Vater aus, vielleicht weil ich meinen Eltern ebenso große Freude bereitete wie du uns bei deiner Geburt, meine geliebte Tochter. Daher tragen wir denselben Namen.

Die Zeiten müssen sich ändern! Viele Dinge müssen sich ändern … Wie sehr wir uns danach sehnen, euch endlich wieder in die Arme zu schließen und euch in unserer Nähe zu wissen.

Wir wollen, dass ihr frei seid … Wird das möglich werden?

Wir wollen, dass man euch freilässt.

Mein liebster Emmanuel, eines Tages wirst du diese Zeilen lesen können. Ich hoffe, dass ich es noch erleben werde, dich zu sehen. Und ich hoffe, dass es dir gut geht. Vor allem aber hoffe ich, dass deine Erfahrung einen Sinn hat.

Mit all meiner Liebe,
deine Großmutter Clara.

Abschließend nannten sie in der Sendung erneut die E-Mail-Adresse, an die man schreiben konnte, um sich der Kampagne für unsere Freilassung anzuschließen.

Meine Kameraden waren verängstigt, denn sie glaubten, nun werde die Armee eine Befreiungsaktion starten. Sie äußerten mir gegenüber kein Wort über die Kampagne, sondern taten so, als hätten sie all das nicht gehört.

Zu jener Zeit erfuhren wir aus dem Radio auch vom tragischen Ende der Abgeordneten aus dem Valle del Cauca.[35] Die Nachricht schlug in unserem Lager ein wie eine Bombe, und wir befürchteten, ebenfalls einer Panikreaktion der Guerilleros zum Opfer zu fallen.

Im Juli hörte ich mehrfach im Radio, wie Präsident Álvaro Uribe die FARC aufforderte, meinen Sohn und mich freizulassen. Und jedes Mal, wenn ich seine kraftvolle und entschiedene Stimme hörte, schöpfte ich neuen Mut, denn endlich hatte ich das Gefühl, unterstützt zu werden. Ich wurde wieder von Zuversicht erfüllt, und meine Tage begannen sich zu verändern. Ich sprach mit niemandem darüber, aber ich begann, mit dem Gedanken zu spielen, dass das Ende meiner Geiselhaft möglicherweise nicht mehr fern war.

Die Regierung hatte kurz zuvor auf Ersuchen des französischen Staatspräsidenten Nicolas Sarkozy einen der führenden Köpfe der FARC aus der Haft entlassen; diese einseitige Geste sollte eine humanitäre Lösung möglich machen.[36] Außerdem waren rund zweihundert Guerilleros freigelassen worden, darunter mehrere Frauen und ein zweijähriges Kind. All diese Maßnahmen gaben mir Hoffnung, und meine Zuversicht wuchs weiter, als einige Monate später die kolumbianische Senatorin Piedad Córdoba und der venezolanische Präsident Hugo Chávez zu Vermittlern zwischen Regierung und FARC ernannt wurden, um eine humanitäre Vereinbarung über die Freilassung von Geiseln auszuhandeln.[37] In diesen Monaten verfolgte ich täglich die Nachrichten, um mich über die Fortschritte der Verhandlungen auf dem Laufenden zu halten. Mittlerweile hatte ich keinen Zweifel mehr daran, dass der Fluss rauschte, weil er Wasser führte.

Als am 8. Dezember das Fest der heiligen Jungfrau begann, servierten uns die Guerilleros ein Festessen: ein fermentiertes Maisgetränk, Brathuhn und Paradiescreme. Ich dachte, dass diese Geste kein Zufall sein konnte, sondern etwas bedeuten musste. Ich suchte eine Kerze, zündete sie an und betete wie nie zuvor zur heiligen Jungfrau. Ich flehte sie an, mir und meinem Sohn die Freiheit zu schenken. Nicht umsonst heißt es in der Bibel: »Bitte, und es wird dir gegeben werden, suche, und du wirst finden.«

In diesen Monaten spielte ich viel Schach. Ich hatte mich sehr verbessert, da einige Mitgefangene das Spiel sehr gut beherrschten und wahre Strategen waren. Ich hatte mir die Tugend der Geduld angeeignet, und am Schachbrett zu sitzen, half mir, mich eine Weile von den Nachrichten abzulenken. Und auf diese Art verging die Zeit schneller. Selbstverständlich ging ich weiterhin jeden Morgen eine Dreiviertelstunde spazieren, wenn ich nicht sogar lief. Ich gewann meinen Appetit zurück und stellte fest, dass mir das Essen wieder zu schmecken begann. Und ich fand meinen inneren Frieden wieder, denn ich spürte in meinem Inneren, dass die Geschichte gut ausgehen würde. Einmal träumte ich sogar vom Wiedersehen mit meinem Sohn.

Auf dem Weg in die Freiheit

Es war der Abend des 18. Dezember 2007. Wir hatten gerade gegessen und abgewaschen und schickten uns an, uns für die Nachtruhe fertig zu machen, als jemand das Radio einschaltete.

Einer der Polizisten rief mich: »Clara, hören Sie sich das an! Sie sagen etwas über Ihre Mutter!«

Ich kam gerade noch rechtzeitig, um die folgende Nachricht in *Caracol Radio* zu hören: »Die Gattin des Präsidenten hat Frau Clara de Rojas angerufen, und der Hochkommissar für den Frieden hat Kontakt zur Tochter von Consuelo González aufgenommen.«

Ich winkte Consuelo herbei und erzählte ihr, was ich gehört hatte: »Consuelo, Sie haben Glück, und ich auch! Wenn diese Persönlichkeiten unsere Familien angerufen haben, so bedeutet das, dass man uns freilassen wird!«

Aber sie antwortete nur: »Ach, Clara, was reden Sie denn da!«

Ich begann zu lachen, denn ihre Skepsis überraschte mich. Ich drehte das Radio lauter, denn in diesem Moment erklärte der Sprecher, die FARC hätten eine Mitteilung an die kubanische Presseagentur *Prensa Latina* geschickt, in der es hieß, wir würden gemeinsam mit meinem Sohn Emmanuel freigelassen werden.

Ich sprang vor Freude in die Luft und sagte zu Consuelo: »Sehen Sie? Sie werden noch vor Weihnachten wieder mit Ihren Töchtern vereint sein.«

Da es bereits dunkel wurde, lief ich rasch ins Bad, um das letzte Tageslicht zu nutzen, und blieb eine Weile dort, um die Nachricht zu verdauen. Ich schüttete mir Wasser ins Gesicht, so als müsste ich mich aus einem Traum wecken. Ich war so glücklich, dass es mir kaum gelang, diesen wunderbaren Augenblick zu begreifen. Ich musste mich beruhigen, denn die Guerilleros hatten uns noch nichts über unsere Freilassung gesagt.

Als ich zu meiner Koje zurückkehrte, warteten meine Kameraden bereits auf mich. Sie hatten die Neuigkeit erfahren und wollten wissen, was ich davon hielt. Ich antwortete ihnen, dass wir abwarten müssten, bis Genaueres über die Vorgänge bekannt gegeben werde, denn die Kommandanten schwiegen sich noch aus.

Mit diesen Worten schlüpfte ich rasch unter mein Moskitonetz. Ich versuchte, mich zu beruhigen, aber ich war ungeheuer aufgeregt. Ich stellte mir vor, wie meine Mutter diese Nachricht erhalten hatte, und flehte Gott an, ihr Kraft zu geben, damit sie diese aufregende Neuigkeit gut verkraftete – schließlich war sie bereits über fünfundsiebzig Jahre alt.

Und natürlich dachte ich an meinen Sohn. Ich versuchte, mir vorzustellen, wie unser Wiedersehen sein würde, und hoffte inständig, die nötige Besonnenheit aufbringen zu können, um diese Situation zu meistern.

Meine Kameraden verschwanden ebenfalls unter ihren Moskitonetzen. Es herrschte Stille in der Baracke; alle warteten auf weitere Nachrichten. In den Abendnachrichten um zwanzig Uhr wiederholte der Radiosprecher die Informationen, die wir bereits gehört hatten, und diesmal konnte ich die vollständige Mitteilung der FARC hören: Sie würden meinen Sohn Emmanuel und mich ohne Gegenleistung freilassen![38]

Ich begann vor Glück zu weinen. Endlich würde ich meinen Sohn wiedersehen! Ich hatte einige Kekse zurückgelegt, die ich aufheben wollte, um sie ihm zu geben, wenn ich ihn in die Arme schließen konnte. Ich begann, die Dinge auszusortieren, die ich behalten wollte, denn ich würde nur das Nötigste mitnehmen können. Ich sah mich schon von meiner Familie umgeben, und meine Freude wuchs mit jedem Augenblick. Irgendwann schlief ich bei laufendem Radio ein.

Am nächsten Morgen stand ich vor Tagesanbruch auf und betete für einen glücklichen Ablauf der Befreiung. Als es hell wurde, ging ich zur Toilette. Auf dem Weg begegnete ich Consuelo, die endlich lächelte. Ich fragte sie: »Glauben Sie es jetzt?«

Sie lachte auf; es war schön, sie so glücklich zu sehen.

Ich kehrte an meinen Schlafplatz zurück. Das Radio lief, und der Sprecher nannte das Datum: 19. Dezember 2007. Meine Mitgefangenen hatten das Gemeinschaftsradio eingeschaltet, aus dem Botschaften von Angehörigen an die Geiseln drangen. Viele dieser Menschen schickten Glückwünsche an mich und meinen Sohn, was mich sehr freute.

Wir hockten alle vor dem Radio, bis sie uns den Kaffee hinstellten. Meine Kameraden fragten mich, was ich meinem Sohn zu Weihnachten schenken wolle. Der Gedanke an ein gemeinsames Fest mit ihm erfüllte mich mit Freude. Aber ich wagte nicht, ihnen zu antworten, denn mir war klar, dass sie, auch wenn sie es nicht sagten, sehr darunter leiden mussten, dass sie nicht ebenfalls freigelassen wurden. Daher beschränkte ich mich darauf, ihnen für ihre Glückwünsche zu danken.

Zu Mittag – ich hatte mich bereits gewaschen – brachten sie das Essen. Als Consuelo abdeckte, fragte sie mich, ob ich schon darüber nachgedacht hätte, was ich mitnehmen wolle. Ich antwortete ihr, dass ich nur das Nötigste brauchte. Die Zeltplane, die Hängematte, meine Ersatzkleidung, die Spielkarten, das Radio, das Neue Testament – mein einziges Buch – und sogar die Haut der Riesenschlange hatte ich aussortiert. Fast alle diese Dinge würde ich den Soldaten überlassen. Ich beschloss auch, die beiden Hefte, die ich vollgeschrieben hatte, zu verbrennen, denn die Guerilleros würden sie mir ohnehin abnehmen. Ich zündete ein Feuer an und warf sie hinein. Die Guerilleros kamen gelaufen und forderten mich auf, es sofort wieder zu löschen, da es stark qualmte. Aber es war mir gelungen, die Hefte zu zerstören.

Gegen Abend hatte ich meine wenigen Habseligkeiten verschenkt und war zum Aufbruch bereit. Meine

Ausrüstung bestand aus einer zweiten Kleidergarnitur für die Nacht, meinem Handtuch, einer leichteren Hängematte und einer Plastikplane für den Boden. Ich beschloss, auf das Moskitonetz zu verzichten und sogar das Essgeschirr zurückzulassen. Allerdings nahm ich ein Shampoofläschchen mit, das ich seit Monaten für eine besondere Gelegenheit aufbewahrte; dazu kamen ein Stück Seife und mein Zahnputzzeug. Ich wischte den Staub von einem Handspiegel und von einem Fläschchen Nagellack ab, denn nun würde ich sie brauchen können. Und ich steckte die Gürtel ein, die ich für meine Mutter und meinen Sohn Emmanuel angefertigt hatte. Auch den Brief, den ich vor langer Zeit als Lebensbeweis geschrieben hatte, nahm ich mit. Als ich fertig war, ging ich zu den Soldaten hinüber und sagte: »Ich habe Sie nicht schreiben sehen. Ich schlage Ihnen vor, eine Botschaft an Ihre Familie zu verfassen, auch wenn man Ihnen nichts gesagt hat. Sie wissen, wie diese Leute sind. Plötzlich müssen wir aufbrechen, und es wäre dumm, wenn Sie dann nichts vorbereitet hätten.«

Anschließend ging ich zu Consuelo und sagte zu ihr: »Ich nehme an, dass Sie bereit sind.«

Sie lachte jedoch nur und entgegnete: »Clara, man hat uns doch noch überhaupt nichts gesagt.«

»Seien Sie unbesorgt«, erwiderte ich, »und beten Sie, dass alles gut geht.«

In der Nacht musste ich mich zwingen zu schlafen. Ich musste ausgeruht sein, denn ich wusste nicht, was mich in den nächsten Tagen erwarten würde.

Der folgende Tag, der 20. Dezember, war mein glücklichster Geburtstag seit Langem. Ich strahlte vor Freude. Nachdem sie entsprechende Botschaften im Radio gehört hatten, kamen die anderen Geiseln, um mich zu beglückwünschen. Einer wagte sogar, mich nach meinem Alter zu fragen. Ich musste lachen und antwortete: »Ich glaube, heute fange ich wieder damit an, die Jahre meines Lebens zu zählen. Allein die Aussicht auf die Freiheit beginnt mich jünger zu machen.«

Da er darauf beharrte zu wissen, wie alt ich war, sagte ich ihm: »Zum Glück sind meine Schulkameradinnen nicht hier, denn einigen der Mädchen würde es überhaupt nicht gefallen, dass ich mein Alter verrate, da ich eine der Jüngsten in der Klasse war. Für mich ist ein höheres Alter gleichbedeutend mit größerer Reife.«

Wir lachten, und ein Kamerad sagte im Scherz: »Hier haben wir die Ausnahme, die die Regel bestätigt.«

Anschließend sprachen wir wie in den vergangenen Jahren ein Novenengebet mit Oberst Mendieta. Nach dem Gebet traten mehrere Kameraden an mich heran, um mir die Botschaften mitzuteilen, die ich ihren Familien überbringen sollte. Es waren quälende Momente, denn keiner von ihnen konnte die Tränen zurückhalten, und mir krampfte sich das Herz zusammen, als ich ihnen zuhörte.

Da erschien der Kommandant und rief Consuelo und mich zu sich. »Wir brechen sofort auf!«, sagte er. »Nehmen Sie Ihre Sachen, nur das Nötigste!«

Er wirkte verärgert. Ich lief sofort zu meiner Schlafstelle, um mein Gepäck zu holen. Zum Glück hatte ich alles vorbereitet. Einer der Soldaten kam, um mir einen Abschiedskuss zu geben und mir einen Brief an seine Mutter und an seinen Sohn zuzustecken, die ich sofort unter meiner Kleidung versteckte. Auch der ehemalige Gouverneur von Meta[39] kam, um mich zu bitten, seine Frau zu grüßen und ihr von seinen gesundheitlichen Problemen zu berichten. Er begleitete mich bis zur Tür.

Seines war das letzte Gesicht eines Gefangenen, das ich sah. Sein Ausdruck war von tiefem Leid gezeichnet, das er nicht zu unterdrücken vermochte. Dieses Gesicht werde ich nie vergessen.

Mehrere Kameraden weinten beim Abschied, andere standen in stummer Verzweiflung da. Es war herzzerreißend.

Der Kommandant schrie uns an: »Bewegen Sie sich schon! Es sieht so aus, als hätten Sie keine Lust, hier wegzukommen. Bewegen Sie sich!«

Consuelo kam mir nach, und ich fragte sie, ob sie es geschafft hatte, ihre Sachen zusammenzupacken. Sie sagte, dass sie bereits am Vortag alles vorbereitet habe.

Sie brachten uns zu einem Langhaus am Ausgang des Lagers. Auf dem mit Sägemehl bedeckten Boden lagen eine Säge und einige Säcke, die aussahen, als würden sie Hühnerfutter enthalten. Dort ließen sie uns den ganzen Tag. Am Abend kam der Kommandant und forderte uns auf, ihm die Briefe auszuhändigen, die uns unsere Mitgefangenen für ihre Angehörigen mitgegeben hatten. Ich fand es grausam, dass er sie uns abnahm, aber wenn wir vermeiden wollten, dass er uns durchsuchte, blieb uns nichts anderes übrig, als ihm zu gehorchen. Wir baten ihn, wenigstens Lebensbeweise von den anderen Geiseln aufzuzeichnen, denn es war sehr schwer für ihre Familien, ohne Nachricht von ihnen zu sein.

Der Kommandant befahl uns, unsere Rucksäcke zu schultern, und brachte uns zum Lager der Guerilleros. Dort bezogen wir eine Hütte, die von zwei Guerilleros bewacht wurde. Wir baten sie, uns ein Radio zu bringen, damit wir uns die Nachrichten anhören konnten.

Sie tischten uns das Abendessen auf, und ich ermunterte Consuelo, gemeinsam mit mir zu beten. Anschließend hörten wir die Nachrichten, bis wir schließlich einschliefen. Wir blieben bis zum 22. Dezember nachmittags in jenem Lager. Wir hörten Hubschrauber, die das Lager überflogen, was uns sehr beunruhigte, denn die Kämpfer waren in höchster Alarmbereitschaft.

Plötzlich erhielten wir von einem Guerillero den Befehl, uns bereit zu machen, da wir sofort zu Fuß aufbrechen würden. Ich hängte mir den Rucksack über die Schulter, der immer noch sehr viel wog. Wenig später tauchte ein weiterer Kommandant auf, den wir noch nie gesehen hatten, und befahl uns, ihm zu folgen.

Als wir das Lager verließen, kamen wir an der Hütte vorbei, in der der Kommandant »45« mit seiner Frau und seinem zweijährigen Sohn wohnte. Ich hob zum Gruß den Arm. Ich war glücklich, denn mit Gottes Hilfe würde ich sie nie wiedersehen. Sie sagten etwas, aber ich verstand es nicht; ich war bereits weitergegangen und außer Hörweite.

Die Ausrüstung war so schwer, dass mein rechter Arm taub wurde. Ich musste kurz stehen bleiben, um die Gurte neu einzustellen und die Last besser zu verteilen. Aber der neue Kommandant, der Isidro hieß, wenn ich mich recht entsinne, trieb mich zur Eile an: »Clara, beeilen Sie sich, wir müssen die Anlegestelle erreichen, bevor es dunkel wird.«

Ich verteilte den Inhalt des Rucksacks ein wenig anders und ging mühsam weiter, wobei ich betete und mir immer wieder sagte, dass ich in diesem Augenblick, da ich auf dem Weg in die Freiheit war, auf keinen Fall zusammenbrechen durfte. Aber ich konnte meine Nervosität nicht ablegen: Unentwegt überflogen Hubschrauber das Gebiet.

Wir marschierten etwa eine Stunde sehr zügig. Als wir die Stelle erreichten, an der das Boot auf uns wartete, war es bereits dunkel. Im Lager hatten sie uns ein paar Plastikbeutel mitgegeben, die ein wenig Reis, einige Stücke Fleisch und zwei reife Bananen enthielten. Wir stiegen ins Boot und nahmen nebeneinander am Heck Platz. Wir hatten kaum Platz für die Beine, da wir auch die Ausrüstung verstauen mussten.

Am Bug nahmen der Kommandant Isidro und zwei weitere Guerilleros Platz. Gegen neunzehn Uhr legten wir schließlich ab. Das Boot hatte kein Dach, und ein kalter Wind peitschte uns ins Gesicht. Wir deckten die

Beutel mit dem Essen gut zu, damit es nicht nass wurde. Ich saß in einer sehr unangenehmen Haltung, weil ich kaum Platz für die Beine hatte, aber ich sagte mir immer wieder: »Wir fahren der Freiheit entgegen. Ich muss positiv eingestellt bleiben.«

Die Fahrt dauerte bis zum Morgengrauen. Für mich war sie sehr beschwerlich. Auf halbem Weg stiegen drei junge Guerilleros und zwei weitere Männer zu. Der Fluss gehörte uns allein; nirgendwo waren andere Menschen zu sehen.

In den folgenden zehn Tagen wechselten wir jeden Tag den Ort, wobei wir uns abwechselnd zu Fuß und im Boot bewegten. Man sagte uns nichts darüber, wie und wann man uns freilassen würde. Nur einmal blieben wir mehrere Tage an einem Ort.

Die »Operation Emmanuel«

Der Comandante Isidro hatte zum Glück ein Radio, sodass wir zumindest morgens vor dem Aufbruch und am Abend, wenn wir ein Lager aufschlugen, die Nachrichten hören konnten. So hielten wir uns über die Entwicklungen rund um unsere Freilassung auf dem Laufenden. Wir erfuhren, dass eine vom venezolanischen Präsidenten koordinierte Operation im Gang war, an der sich das Internationale Rote Kreuz und eine Delegation von Vertretern mehrerer Länder unter Führung des argentinischen Expräsidenten Néstor Kirchner beteiligten. Und wir hörten, dass zahlreiche Journalisten aus aller Welt und sogar ein Filmregisseur[40] über unsere Freilassung berichten wollten. Das alles schien mir unglaublich und überforderte mich ein wenig.

Die Tage vergingen, und ich begann, mir Sorgen zu machen, da mein Sohn nicht auftauchte. Der Kommandant verriet mir nichts darüber, wie die Freilassung ablaufen sollte, und ich verstand nicht, warum die FARC immer noch nicht die Koordinaten durchgegeben hatten, damit uns das Rote Kreuz abholen konnte. Das Wetter war sehr gut, die Sonne schien, und es schien kein Hindernis für die Abwicklung der Freilassung zu geben.

Die Armee saß uns im Nacken. Ständig flogen Hubschrauber über uns hinweg, was unsere Anspannung noch erhöhte. Einmal hatten wir sogar den Eindruck, in der Ferne Explosionen und Schüsse zu hören; es konnte kein Donner sein, da der Himmel wolkenlos war. Anscheinend wurde in dieser Gegend gekämpft. Aber zumindest näherten wir uns der Zivilisation, denn am Flussufer tauchte nun hin und wieder eine Hütte auf. Offenbar befand sich in der Nähe eine Siedlung, was mich ein wenig beruhigte, denn das zeigte uns, dass wir den Dschungel langsam hinter uns ließen.

Es kam der letzte Tag des Jahres. Der Kommandant gab den Befehl, einige Hühner zu schlachten, die er unterwegs erhalten hatte. Wir bekamen ein gutes Essen, für das wir sehr dankbar waren, da wir seit Tagen nur Bananen und Fisch gegessen hatten. Es gab sogar eine Tüte mit Milchpulver, und ich bat eine Guerillera, uns zum Neujahrsfest Milchreis zu kochen. Consuelo mochte Milchreis nicht besonders, aber sie aß ihn dennoch mit Appetit.

Da saßen wir also bei Einbruch der Dunkelheit und löffelten Milchreis, als der Kommandant das Radio einschaltete. Plötzlich rief Consuelo: »Clara, sie haben die Operation abgebrochen!«[41]

Ich hatte noch nichts davon gehört, weshalb ich ganz gelassen antwortete: »Das ist normal, die Leute wollen zu Silvester nach Hause und gehen im neuen Jahr wieder an die Arbeit. Wir sind alle Südländer, und es gibt ein Fest zu feiern. Machen Sie sich keine Gedanken.«

Ohne sie weiter zu beachten, machte ich mich auf den Weg zur Latrine. Aber ich machte mir sehr wohl Gedanken über das, was ich gehört hatte, als Consuelo erneut nach mir rief: »Clara, schnell! Sie haben Emmanuel gefunden!«

Ich lief zurück, um mir die Nachrichten anzuhören. Meine Nerven waren zum Zerreißen gespannt, als ich den Worten des Präsidenten lauschte, der gerade über meinen Sohn sprach: Offenbar war ein Kind aufgetaucht, das sich seit mehr als zwei Jahren in der Obhut der Familienwohlfahrt ICBF befand und möglicherweise mein Sohn war.[42]

Ich zitterte, mein Herz krampfte sich zusammen. Ich drehte mich zum Comandante Isidro um, der ebenfalls zuhörte, und fragte ihn wild gestikulierend: »Was soll das bedeuten? Sie haben doch gesagt, Sie würden ihn mir übergeben!«

Es kam keine Antwort. Er wirkte verblüfft, so als wüsste er tatsächlich nicht, was da vorging. Kurze Zeit später hörten wir im Radio, was der venezolanische Präsident Hugo Chávez zu der Nachricht gesagt hatte: »Hoffentlich, hoffentlich ist dieser Junge Emmanuel, der Sohn von Clara Rojas. Wir wollen uns wünschen, dass er es ist!«

Ich war ihm sehr dankbar für seine Worte und dachte, wie schön es wäre, wenn mein Sohn tatsächlich in Freiheit wäre, denn so könnte meine Mutter ihn sehen.

Consuelo sah mich an und fragte mich, was jetzt geschehen werde. Ich antwortete: »Das ist doch ganz klar. Jetzt bleibt den FARC nichts anderes mehr übrig, als uns auch freizulassen.«

»Warten wir es ab«, gab der Kommandant zu denken. »Es fehlt noch die DNA-Probe.«

An diesem 31. Dezember ging ich sehr aufgeregt schlafen. Es kostete mich große Kraft zu verstehen, was wir im Radio gehört hatten. Natürlich hoffte ich, dass mein Sohn sich tatsächlich in der Obhut der Behörden befand, die ihn gewiss gut versorgt hatten. So würde es mir auch leichter fallen zu erfahren, was er in diesen Jahren erlebt hatte.[43] Ich wusste, dass das ICBF eine sehr angesehene staatliche Einrichtung mit Niederlassungen im ganzen Land war, die vor Jahrzehnten gegründet worden war, um vernachlässigte und verwaiste Kinder zu schützen und zu versorgen. So schlief ich mit der Hoffnung ein, dass diese Geschichte tatsächlich stimmte.

Am ersten Tag des Jahres 2008 erwachte ich sehr früh. Ich war voller Hoffnung, denn es hatte den Anschein, als würden die Zweifel bezüglich des Verbleibs meines Sohns endlich ausgeräumt. Bald würde ich wieder mit meiner Familie vereint sein.

Wir schalteten das Radio ein. Es lief Musik, und nach einer Weile hörte ich das Lied von Joan Manuel Serrat: »Wanderer, es gibt keinen Weg, der Weg entsteht erst beim Gehen. Schlag für Schlag, Kuss für Kuss, entsteht der Weg beim Gehen.« Ich hörte gerührt zu und summte das Lied mit.

Um sechs Uhr morgens erklang die Nationalhymne. Ich war sehr empfindlich an diesem Tag, und als ich die Hymne hörte, spürte ich, dass sie mein Innerstes berührte. Die Freude überwältigte mich; ich stand auf und sang die Hymne feierlich mit. Ich war auf dem Weg nach Hause, es war, als kehrte ich aus einem fernen Land zurück.

Anschließend hörten wir die Nachrichten, und zu meiner Überraschung erfuhr ich, dass sich trotz des Feiertags mehrere Beamte des ICBF und der Generalstaatsanwaltschaft auf den Weg nach Caracas gemacht hatten, um meiner Mutter und meinem Bruder, die in der venezolanischen Hauptstadt auf mich warteten, Blut für eine DNA-Probe abzunehmen. Ich fühlte mich wie in einem Traum. Es war eine großherzige Geste dieser Staatsbeamten, die sich an einem Feiertag bereitfanden, ihren Pflichten nachzukommen. Im Radio sagten sie, das Ergebnis der DNA-Probe werde nach drei bis zehn Tagen vorliegen. Zu meiner großen Überraschung wurde bereits am 4. Januar das Resultat einer der Proben veröffentlicht, das auch von einem spanischen Labor bestätigt wurde. Demnach handelte es sich bei dem Jungen, der sich in der Obhut des ICBF befand, tatsächlich um meinen Sohn Emmanuel. Diese Nachricht erfüllte mich mit überschwänglicher Freude. Plötzlich schienen mir die langen Märsche überhaupt nicht mehr anstrengend.

Ich fühlte mich meiner Familie bereits sehr nahe, vor allem da ich fast täglich im Radio hörte, dass mich meine Angehörigen erwarteten. Consuelo hingegen machte sich weiterhin Sorgen, da die Guerilla immer noch nicht die Koordinaten des Ortes weitergegeben hatte, an dem man uns dem Präsidenten Chávez übergeben würde. Sie fürchtete, dass man uns am Ende doch nicht freilassen würde. Sie hatte derart große Angst, dass sie einmal sogar den Kommandanten bat, sie zu den übrigen Geiseln ins Lager zurückzubringen.

Ich konnte ihre Sorge nicht verstehen und versuchte, sie zu beruhigen: »Consuelo, denken Sie doch an Ihre Töchter, die Sie bald wiedersehen werden. Das hier ist nur noch eine Frage von Tagen. Wir sind der Zivilisation schon so nahe, dass es keinen Weg zurück mehr gibt. Ich bitte Sie, denken Sie an Ihre Töchter und an Ihre Enkelin, die Sie schon bald kennenlernen werden!«

Ich kehrte zu meiner Hängematte zurück, um zu beten, nunmehr fest davon überzeugt, dass alles gut ausgehen würde. Das half mir, die doch immer wieder aufkeimende Angst zu beherrschen. Ich achtete genau auf das, was in den Nachrichten gesagt wurde, um die Meldungen Wort für Wort zu analysieren und meine Schlüsse daraus zu ziehen, wie ich es als Anwältin gelernt hatte. Ich wusste, dass das Ende unserer Gefangenschaft nahe war und dass wir nicht verzweifeln durften. Wir mussten Geduld haben.

In den folgenden Tagen marschierten wir weiter. Offenbar befanden wir uns auf einem weitläufigen Landgut, denn es gab dort Baracken mit Wasserbehältern und landwirtschaftliche Geräte.

Am 9. Januar absolvierten wir eine sehr schwere Etappe. Wir durchquerten eine gewaltige Palmen- und Bananenplantage. Der Boden war mit einer dicken Schicht getrockneter Blätter übersät, die uns das Fortkommen erschwerte, und Scharen von Fliegen setzten sich uns ins Gesicht. Es war eine Qual. Ich fürchtete mich, auf Schlangen oder Skorpione zu treten.

Als wir endlich anhielten, um unser Nachtlager aufzuschlagen, war ich vollkommen erschöpft und gereizt, weil es kaum einen Platz gab, wo wir unsere Hängematten aufhängen konnten. Auf dem mit Blättern übersäten Boden konnten wir nicht schlafen, weshalb wir die Hängematten mehr schlecht als recht nebeneinander aufhängten und versuchten, den Boden darunter ein wenig zu säubern. Der Kommandant borgte mir ein Moskitonetz, das ich über meiner Hängematte anbrachte, aber ich fühlte mich unwohl, weil die Baumwollmatte sehr schmal war.

Da wir uns in der Nähe eines Flüsschens befanden, schlugen uns die Guerilleros vor, ein Bad zu nehmen. Aber die Dämmerung brach bereits herein, und ich war nicht bereit, in dieses dunkle Wasser zu steigen, in dem es wahrscheinlich von Spinnen und anderem Getier nur so wimmelte. Also antwortete ich, ich würde lieber in meiner Hängematte bleiben.

Der Kommandant hatte seine Matte etwa fünf Meter von uns entfernt aufgehängt und drehte das Radio lauter, damit wir zuhören konnten. Wir hörten die Stimme von Präsident Chávez: »Ich habe gerade die Koordinaten erhalten! Die FARC werden Consuelo und Clara morgen übergeben! Die kolumbianische Armee wird ihre Operationen ab fünf Uhr morgens kolumbianischer Zeit für zehn Stunden unterbrechen.«[44]

Ich war überglücklich. Dies würde unsere letzte Nacht in Gefangenschaft sein! Es war bereits vollkommen dunkel, und ich versuchte, mich zu entspannen und ein wenig auszuruhen. Ich drehte mich in der Hängematte hin und her, bis mich der Schlaf übermannte. Aber in der Nacht wachte ich mehrere Male auf, weil mich die Mücken trotz des Netzes mit Stichen übersäten und bei lebendigem Leib aufzufressen drohten. Ich sagte mir immer wieder: Ab morgen wird alles anders. Ich hätte mir nie träumen lassen, in was für einer Luxussuite ich schon in der folgenden Nacht schlafen sollte.

Um fünf Uhr morgens hatte ich meine Sachen gepackt und war marschbereit. Ich bat um die Erlaubnis, mich waschen zu gehen, um den Schweiß und den Waldgeruch zu beseitigen. Ich wollte im Augenblick meiner Befreiung sauber sein, und Consuelo schloss sich mir sofort an.

Der Bach war tatsächlich furchtbar trüb, aber bei Tageslicht wirkte er weniger bedrohlich. Ich zog meine sauberen Sachen an und steckte die zweite Garnitur in den Rucksack. Nun würde ich zum letzten Mal die Ausrüstung schleppen.

Die Guerilleros schalteten das Radio ein, und ich hörte, dass sich mein Bruder Iván zum Flughafen von San José del Guaviare begeben hatte, um mit den Hubschraubern des Roten Kreuzes zu fliegen, die uns aus dem Dschungel abholen und nach Venezuela bringen würden.[45] Ich war sehr glücklich darüber, dass mich einer der Menschen, die ich am meisten liebte, aus dem Dschungel holen würde.

Die Guerilleros boten uns etwas zu essen an. Ich hatte zwar keinen Appetit, aß nichtsdestotrotz etwas, denn ich wusste nicht, was mich an diesem Tag noch erwarten würde. Nach dem Frühstück putzte ich mir die Zähne und betrachtete mich in meinem kleinen Handspiegel. Ich sah ein ausgezehrtes, aber glückliches Gesicht. Ich dachte an meine Mutter: Wie würde sie mich sehen? Und ich dachte an meinen Sohn, den ich so lange nicht gesehen hatte: Wie würde unser Wiedersehen verlaufen?

Der Kommandant wählte einige Männer aus, die uns begleiten sollten. In den vorangegangenen Tagen hatten sich unserer Gruppe etwa zehn Guerilleros angeschlossen. Einige von ihnen gingen mit uns, die Übrigen blieben zurück. Wir marschierten etwa eine Stunde, bis wir gegen zehn Uhr ein freies Feld erreichten.

Ich fühlte eine große Erleichterung, als wir das Gewirr von Bäumen hinter uns ließen und unter den weiten Himmel hinaustraten. Es war wunderbar, nach Jahren in der feuchten Dämmerung das Licht wiederzusehen und die Wärme der Sonne im Gesicht zu spüren. Auf dem Feld trafen wir eine Gruppe von etwa zwanzig Guerilleros. Ich erschrak beim Anblick so vieler bewaffneter Männer in Kampfanzügen. Viele von ihnen waren Schwarze und Indios, deren Gesichter vom Krieg gehärtet waren. Es waren auch einige Frauen unter ihnen, die uns ein wenig Zitronenwasser anboten. Sie bereiteten Leuchtraketen vor, die sie abschießen wollten, um den Hubschraubern unseren genauen Standort anzuzeigen. Sie befahlen uns, uns am Ufer eines Flusses im Schatten einiger Bäume hinzusetzen, denn die Sonne stand bereits hoch und begann, uns die Haut zu verbrennen.

Nach einer Weile hörten wir in der Ferne das unverwechselbare Geräusch der Hubschrauber. In diesem Augenblick wurde ich von großer Angst gepackt, denn die Guerilleros entsicherten ihre Waffen und zielten in die Luft. Aber der Comandante Isidro schrie: »Waffen runter!«

Ich glaubte, die Hubschrauber hätten uns verfehlt, und schrie verzweifelt: »Lasst Sie nicht vorbeifliegen, lasst sie nicht vorbeifliegen!«

Ich lief aus dem Schatten heraus und versuchte, mit einer weißen Plane Zeichen zu geben. Die Guerilleros begannen ebenfalls, die Stoffe zu schwenken, die sie zur Hand hatten, und gaben weitere Rauchzeichen. Dann sahen wir, dass die Hubschrauber zurückkehrten. Was für eine Freude!

Der Kommandant befahl mir stillzuhalten, bis die Hubschrauber gelandet waren.

Endlich setzten sie auf dem Boden auf, aber niemand stieg aus. Ich verstand nicht, warum sie sich so lange Zeit ließen. Es verstrichen einige Minuten, die mir wie eine Ewigkeit vorkamen. Dann stiegen mehrere Personen aus, die Uniformen des Roten Kreuzes trugen.

Ich rannte los. Ich konnte es nicht länger erwarten, den Dschungel hinter mir zu lassen. In diesem Augenblick sah ich die Senatorin Piedad Córdoba, die in ihrem roten Kleid und mit ihrem Turban auf dem Kopf wie ein Filmstar aussah. Ich freute mich sehr, sie zu sehen. Sie wurde von zwei Männern begleitet, die sich mir vorstellten: Es waren der venezolanische Innenminister[46], der die Mission leitete, und der kubanische Botschafter in Venezuela[47]. Sie umarmten mich. Es waren auch Journalisten mitgekommen, die mich fragten, ob sie mich fotografieren und einige Filmaufnahmen machen könnten, die in aller Welt gesendet werden würden. Es blieb mir nichts anderes übrig, als sie gewähren zu lassen.

Ich wollte diesen Ort so rasch wie möglich verlassen. Da sah ich, dass die Mitarbeiter des Roten Kreuzes dem Kommandanten eine schriftliche Bestätigung der Geiselübergabe zur Unterschrift vorlegten, was mir eine überflüssige Formalität zu sein schien. Ich wollte endlich in den Hubschrauber einsteigen und den Dschungel hinter mir lassen. Die Anwesenheit so vieler Guerilleros beunruhigte mich.

Plötzlich reichte mir der venezolanische Innenminister ein Satellitentelefon. Auf der anderen Seite war Präsident Chávez, der mich beglückwünschen wollte. Man hörte, dass er ebenfalls sehr gerührt war. Ich dankte ihm von ganzem Herzen für seine Bemühungen. Dann gab ich das Telefon an Consuelo weiter und sah, dass der Minister den Guerilleros Dosen mit Erfrischungsgetränken anbot. Es ängstigte mich, dass wir immer noch nicht aufbrachen.

Dann kamen einige der Guerilleras, denen wir an diesem Tag zum ersten Mal begegnet waren, um sich von uns zu verabschieden. Consuelo umarmte sie, und ehe ich michs versah, war auch ich von ihnen umringt, sodass mir nichts anderes übrig blieb, als ihnen ebenfalls Lebwohl zu sagen. Später musste ich mir alle möglichen Kommentare über diese herzliche Verabschiedung anhören und mich fragen lassen, ob wir vom Stockholm-Syndrom befallen gewesen seien. Aber ich sagte mir, dass Wohlerzogenheit und Standhaftigkeit einander nicht ausschließen. Wir waren auf dem Weg in die Freiheit, und es schadete nicht, freundlich zu sein – vor allem in Anbetracht der Tatsache, dass sich noch viele weitere Menschen in der Gewalt der Guerilla befanden.

Endlich konnte ich in den Hubschrauber steigen. An Bord bot man uns an, in neue Kleidung zu schlüpfen und uns zu waschen, was ich gerne tat. Dann stiegen die übrigen Passagiere ein. Mit uns reisten Piedad Córdoba, der venezolanische Innenminister mit seiner Frau, zwei schweizerische Vertreter des Internationalen Roten Kreuzes, zwei Krankenschwestern und die Besatzung. Als die Tür endlich geschlossen wurde und die Maschine abhob, fühlte ich mich vollkommen frei. Wie glücklich ich war! Wir waren alle begeistert, und ich war von der Warmherzigkeit des venezolanischen Ministers beeindruckt, der die Situation mit großem Geschick gemeistert hatte. Nun entspannte er sich und atmete erleichtert durch, denn endlich waren wir in Sicherheit und auf dem Weg nach Hause.

Während des Flugs kam ein Mitglied der Besatzung und setzte mir einen Kopfhörer auf, damit ich mir das Lied von Jorge Celedón anhören konnte, das zu jener Zeit den Spitzenplatz in den Charts einnahm: »Ay ... wie schön ist das Leben ...«

Der Flug war ein bewegendes Erlebnis: Ich betrachtete die herrliche Landschaft unter uns, den Dschungel, in dem ich sechs Jahre meines Lebens verbracht hatte. Wir erreichten die Ebene und flogen etwa anderthalb oder zwei Stunden bis zur kolumbianisch-venezolanischen Grenze. Unser Ziel war Santo Domingo im venezolanischen Bundesstaat Táchira.

Bei der Landung stellten wir fest, dass es am Flughafen von Journalisten nur so wimmelte. Wir stiegen auf der Landebahn in ein Flugzeug um, bei dem es sich möglicherweise um die Präsidentenmaschine handelte; in jedem Fall war es darin sehr bequem. Die Vertreter des Roten Kreuzes hatten sich bereits verabschiedet, während sich der kubanische Botschafter in Venezuela, der in einem anderen Hubschrauber geflogen war, nun zu uns gesellte. Er war sehr liebenwürdig und stellte mir alle möglichen Fragen. Ich versuchte, ihm freundlich zu antworten, aber ich war mit meinen Gedanken bei meiner Familie und erinnere mich kaum noch an unser Gespräch. Kurz vor der Landung bot mir Piedad in einer sehr weiblichen Geste ihr Schminktäschchen an, damit ich mich ein wenig zurechtmachen konnte. Ich nahm ihr Angebot ohne Zögern an.

Wiedersehen mit meiner Familie

Als die Maschine auf dem Flughafen von Maiquetía bei Caracas gelandet war, sah ich draußen auf der Landebahn eine große Menschenmenge. Am Fuß der Gangway drängten sich zahlreiche Journalisten. Ich suchte fieberhaft nach einem bekannten Gesicht in der Menge, und endlich erkannte ich aus der Ferne meine Mutter, die langsam auf das Flugzeug zuging.

Ich war eine der Letzten, die die Maschine verließen. Als ich am Fuß der Treppe angekommen war, sah ich zwischen den Journalisten meine Nichte María Camila, die ältere Tochter meines Bruders Iván. Ich erkannte sie nicht auf Anhieb. Sie hatte sich in eine schöne junge Frau verwandelt. Zum Zeitpunkt meiner Entführung war sie gerade einmal elf Jahre alt gewesen, nun war sie siebzehn. Sie umarmte mich und führte mich zu meiner Mutter, die nur sehr langsam gehen konnte und sich auf eine Gehhilfe stützte. Sie wirkte erschöpft, aber ich empfand unendliche Freude darüber, sie lebend zu sehen. Als ich vor ihr stand, umschloss sie mein Gesicht mit den Händen, wie sie es früher getan hatte, als ich noch ein Kind gewesen war. Sie sah mich unverwandt an, ihre Augen glänzten, und schließlich umarmte sie mich. Im Verlauf meiner Gefangenschaft hatte sie mehrfach die Nachricht erhalten, ich sei tot, aber sie hatte sich stets geweigert, das zu glauben. Sie hatte nie die Hoffnung aufgegeben, mich lebend wiederzusehen.

Wir gingen Hand in Hand in den Saal, der für unseren Empfang vorbereitet worden war. Am Eingang drückte mir meine Nichte ihr Mobiltelefon in die Hand, da *Caracol Radio* mit mir sprechen wollte. Es rührte mich, dass meine Landsleute ebenso an mich dachten wie ich an sie, obwohl ich in Venezuela gelandet war.

Die Radiomoderatoren begrüßten mich herzlich und fragten mich, wie es mir gehe. Es waren bewegende Augenblicke. Der venezolanische Kanzler[48] trat in Begleitung mehrerer Regierungsbeamter an mich heran, und ich unterhielt mich mit ihnen. Obwohl es in Caracas warm war, fröstelte ich. Nachdem ich einen Kaffee getrunken hatte, brachen wir zum Palacio de Miraflores auf, wo uns Präsident Chávez erwartete.

Man brachte uns zu den Autos, und die lange Karawane setzte sich in Bewegung. Auf dem Weg ins Stadtzentrum sahen wir zahlreiche Menschen, die zur Begrüßung Schilder und Spruchbänder hochhielten.

Als wir beim Präsidentenpalast eintrafen, brach bereits die Dunkelheit herein. Der Präsident wartete vor der Tür auf mich, umarmte mich und führte mich in seine Residenz. Wir gingen an der Ehrenwache vorbei über den roten Teppich, den man zu unserer Begrüßung ausgerollt hatte. Im Inneren des Palastes erwarteten uns mehrere Angehörige von Consuelo und mir. Piedad Córdoba war auch da. Ich war immer noch sehr aufgeregt und hatte eiskalte Hände. Meine Mutter und meine Nichte hielten mich an den Armen und besorgten mir einen weiteren heißen Kaffee. Der Präsident begrüßte uns, und meine Mutter und ich dankten ihm überschwänglich für die gelungene Vermittlungsmission. Wir fanden nicht genug Worte, um unsere Dankbarkeit auszudrücken. Der Empfang war kurz, denn der Präsident wusste, dass wir in diesem Augenblick vor allem ausruhen und mit unseren Familien zusammen sein wollten.

Nach der Begrüßung wurden erneut die Fotografen hereingelassen, und wir verabschiedeten uns von Präsident Chávez.

Man brachte uns in ein herrliches Hotel, wo wir eine spektakuläre Suite erhielten. Es war wie in einem Traum. Dann traf mein Bruder Iván ein, der mich fest in die Arme schloss. Auf die Frage, was ich mir jetzt wünsche, antwortete ich, dass ich eine heiße Dusche nehmen und mit meinem Sohn sprechen wolle. Mein Bruder übernahm die Aufgabe, die Verbindung herzustellen, während ich duschte. Lange stand ich unter dem heißen Wasserstrahl, erschöpft von den Gefühlsaufwallungen, und versuchte, mich etwas zu entspannen. In der Dusche fand ich alle möglichen Shampoos, Duschbäder und Cremes vor, und ich glaube, dass ich sie alle ausprobierte. Und dann war da eine Flasche Parfüm, die ich wohl zur Hälfte leerte. Im Bad gab es einen großen Wandspiegel. Ich stellte mich davor, obwohl ich mich davor fürchtete, nach all den Jahren erstmals wieder meinen ganzen Körper im Spiegel zu sehen. Ich betrachtete die Narbe des Kaiserschnittes und mein müdes Gesicht, in dem sich einige Falten abzeichneten. Aber ich war unversehrt, und dafür dankte ich Gott. Ich verließ das Bad in Bademantel und Pantoffeln, die das Angenehmste waren, was ich seit Jahren an den Füßen gespürt hatte. Es lagen Kleidung, Schuhe und sogar Strümpfe für mich bereit. Meine Mutter zeigte mir einen Koffer voller Geschenke für Emmanuel: Kleidung, Handtücher, Pflegeartikel und Spielzeug, das zum Teil von der venezolanischen Regierung geschickt worden war – darunter ein Auto mit Fernsteuerung. Überall im Zimmer waren Blumen verteilt. Ich ließ meinen Blick durch die luxuriöse Suite schweifen und entdeckte zu meiner Überraschung, dass man sich dort sogar aus einer großen Auswahl ein spezielles Kopfkissen aussuchen konnte.

Dann reichte mein Bruder mir das Telefon, damit ich mit Elvira Forero sprechen konnte, der Leiterin des ICBF. Sie erklärte mir genau den Zustand meines Sohnes und riet mir, das Kind nicht dem Medienrummel auszusetzen. Ich teilte ihre Einschätzung. Aber ich bat sie, ihm die Möglichkeit zu geben, bis zu unserem Wiedersehen im Fernsehen die Geschehnisse zu verfolgen. Wir vereinbarten, am folgenden Tag wieder miteinander zu telefonieren. Ich war glücklich, mit ihr gesprochen zu haben, und hatte das Gefühl, es mit einer Schwester zu tun gehabt zu haben. Es beruhigte mich, dass sie so vertraut mit meinem Sohn war.

Zum Abendessen baten wir um etwas Leichtes: eine Hühnersuppe, einen Obstsalat und ein Eis, weil mir der

Sinn danach stand. Als wir gerade vom Tisch aufgestanden waren, erhielten wir einen Anruf der Gattin des kolumbianischen Präsidenten Uribe, die zuerst meine Mutter und dann mich herzlich beglückwünschte. Zehn Minuten später rief Präsident Uribe an, der sehr freundlich war, jedoch etwas bedrückt auf mich wirkte. Ich sagte ihm, dass dies ein Moment des Glücks für alle sei, und hatte den Eindruck, dass ihn das ein wenig beruhigte. Ich bedankte mich bei beiden für ihre Geste.

Wir beschlossen, uns alle ein wenig auszuruhen. Ich legte mich in das riesige Bett. Es war ein Genuss, zwischen den sauberen Laken und auf den weichen Kissen zu liegen. Wie fern waren die Orte, an denen ich in den vergangenen sechs Jahren und noch in der vergangenen Nacht geschlafen hatte!

Ich schlief sofort ein, wachte jedoch um zwei Uhr morgens wieder auf. Ich stand auf und sah aus dem Fenster. Das Zimmer lag sehr hoch, ich glaube im 15. Stockwerk. Zu meinen Füßen breiteten sich die Lichter der Stadt aus. Ich schaltete das Fernsehgerät ein und sah mir Zeichentrickfilme an, wobei ich an meinen Sohn dachte. Dann überflog ich die Presse.

In einer venezolanischen Tageszeitung sowie in der kolumbianischen Zeitschrift *Semana* war ein Foto von Emmanuel abgedruckt. Dies war das erste Bild von ihm, das ich zu Gesicht bekam. Er hatte sich sehr verändert. Als wir voneinander getrennt worden waren, war er gerade einmal acht Monate alt gewesen. Nun war er ein kleiner Junge von fast vier Jahren. Das Strahlen seiner

Augen beeindruckte mich. Ich las noch einige weitere Zeitungen. Im Morgengrauen legte ich mich erneut hin. Um neun Uhr weckte mich meine Mutter, denn der kolumbianische Sender *W-Radio* bat um ein Telefoninterview. Das Gespräch dauerte mehr als eine halbe Stunde.

Nach dem Interview machte ich mich fertig und bat, erneut die Leiterin des ICBF anrufen zu dürfen. Ich wollte versuchen, mit meinem Sohn zu sprechen. In der Zwischenzeit brachte man uns das Frühstück. Als mein Bruder und meine Nichte auftauchten, machten wir uns daran, die folgenden Tage zu planen.

Später erschien ein venezolanischer Regierungsvertreter, der unsere Aktivitäten koordinieren sollte. Er bat uns, wegen des großen öffentlichen Interesses eine Pressekonferenz zu geben. Er bot uns ärztliche Hilfe an und lud uns im Namen von Präsident Chávez ein, uns einen Monat lang außerhalb der Stadt von den Strapazen zu erholen. Wir bedankten uns für dieses großzügige Angebot und vereinbarten, darüber nachzudenken und ihm unsere Antwort später mitzuteilen.

In diesem Augenblick beschäftigten mich vor allem zwei Dinge: Ich hoffte auf ein schnelles Wiedersehen mit meinem Sohn, und ich wollte so rasch wie möglich Klarheit über unseren Gesundheitszustand erhalten. Tatsächlich wurde ich noch am Nachmittag von einigen kubanischen Ärzten untersucht, die sich sogar meine Augen ansahen. (Ich bin kurzsichtig.) Kurze Zeit später erhielt ich Kontaktlinsen.

Am folgenden Tag, es war der 12. Januar, stand ich sehr früh auf, um mir im Hotel einige Blutproben nehmen zu lassen. Es war ein Samstag. Gemeinsam mit meiner Mutter suchte ich anschließend ein Krankenhaus auf, wo weitere Untersuchungen vorgenommen wurden. Wir blieben bis vierzehn Uhr dort und kehrten anschließend ins Hotel zurück, um gemeinsam mit meinem Bruder und meiner Nichte zu Mittag zu essen. Iván teilte mir mit, dass die kolumbianische Regierung, sobald wir es wünschten, sofort ein Flugzeug schicken würde, um uns in die Heimat zu bringen. Ich sagte ihm, dass ich so rasch wie nur irgend möglich meinen Sohn wiedersehen wollte.

Am frühen Abend besuchte uns die argentinische Botschafterin, die mich einlud, ihr Land zu besuchen. Anschließend gab ich dem venezolanischen Fernsehsender *Telesur* ein Exklusivinterview. Und am Abend fand die Pressekonferenz statt. Im Saal drängten sich Journalisten aus aller Welt. Meine Mutter und mein Bruder nahmen neben mir am Tisch Platz. Als Erstes dankte ich den Medien für die Berichterstattung über meine Entführung und für ihre Solidarität. Anschließend beantwortete ich die Fragen der Journalisten. Der warme Empfang durch die Reporter fiel mir angenehm auf. Es herrschte eine außergewöhnliche Stimmung. Alle wollten wissen, wie es mir ging und in welcher Lage sich die anderen Geiseln befanden.

Als wir nach der Pressekonferenz ins Hotel zurückkehrten, warteten bereits die Ärzte mit den ersten Untersuchungsergebnissen auf uns: Unser Gesundheitszustand war akzeptabel. Wir würden uns noch weiteren Tests unterziehen müssen, aber diese würden wir in Kolumbien machen lassen, denn wir hatten beschlossen, am folgenden Tag heimzufliegen.

Am Sonntag, den 13. Januar, standen wir sehr früh auf. Ich musste dauernd an meinen Sohn denken und schaltete im Fernsehen die Zeichentrickfilme ein. In der Hotellobby verabschiedeten wir uns von mehreren Personen, die extra unseretwegen gekommen waren. Eine Gruppe von Journalisten begleitete uns zum Flughafen, wo bereits ein Flugzeug der kolumbianischen Luftwaffe auf uns wartete. Wir verabschiedeten uns von den venezolanischen Regierungsvertretern, und um elf Uhr hob das Flugzeug ab. Mit uns reisten zwei Repräsentanten des Friedensbeauftragten der Regierung, die mich seit meiner Ankunft begleitet hatten; es waren zwei verantwortungsbewusste junge Menschen – ein Mann und eine Frau –, deren Sorgfalt und Umsicht mich sehr beeindruckten.

Als wir den kolumbianischen Luftraum erreichten, spielte der Kapitän die Nationalhymne ab. Es war eine ergreifende Flugreise, und das Gleiche galt für die Ankunft in Bogotá.

Als die Maschine gelandet war, kamen der Verteidigungsminister Juan Manuel Santos und der Friedensbeauftragte Luis Carlos Restrepo an Bord, um mich zu begrüßen. Als ich aus dem Flugzeug stieg, führte man mich zu einem mit der kolumbianischen Flagge geschmückten Pult, an dem ein Mikrofon angebracht war. Hunderte Kameras waren auf mich gerichtet. Die Journalisten stellten mir einige kurze Fragen, und anschließend wurden wir in die VIP-Lounge geführt, wo uns die Präsidentengattin, der Botschafter von Bogotá, Samuel Moreno mit seiner Frau, der Sozialminister Diego Palacio, der Jugendschutzbeauftragte von San José del Guaviare und die Leiterin des ICBF erwarteten, die von mehreren Mitarbeitern dieser Einrichtung begleitet wurde. Nun sah ich auch meine anderen Brüder, eine meiner Schwägerinnen und meine jüngere Nichte wieder. Es war ein bewegender Augenblick, unsere Augen füllten sich mit Tränen.

Der Jugendschutzbeauftragte erläuterte mir die Situation meines Sohns und das Ergebnis der DNA-Probe, die zweifelsfrei bewiesen hatte, dass der Junge, den das ICBF in seine Obhut genommen hatte, mein Sohn Emmanuel war.

Vom Flughafen aus fuhren wir direkt zu dem Kinderheim im Nordosten der Hauptstadt, in dem mein Sohn lebte. Mit uns im Wagen saßen der Sozialminister und die Leiterin des ICBF, die mich während der Fahrt darüber aufklärten, welche medizinische Betreuung mein Sohn in den vergangenen zweieinhalb Jahren erhalten hatte. Es war dem unvergleichlichen Engagement und der guten Arbeit zahlreicher anonymer Beamter in verschiedenen Landesteilen zu verdanken, dass mein Sohn alle erdenkliche ärztliche Hilfe erhalten hatte und ausgezeichnet versorgt worden war. Er war bereits operiert worden, um die gebrochenen Knochen in seinem linken Arm zu richten; es bedurfte nur noch einer Rekonstruktion des Nervs, um die Beweglichkeit des Arms vollkommen wiederherzustellen.

Unterwegs erhielt ich einen Anruf des Generalstaatsanwalts Mario Iguarán, der sich ebenfalls eingehend mit der Situation meines Sohnes beschäftigt und vor allem die DNA-Proben überwacht hatte.

Als wir bei dem Heim eintrafen, erwarteten uns bereits die Leiterinnen der Anstalt und weitere Mitglieder meiner Familie. Sie führten uns durch das Haus, damit wir uns ein Bild davon machen konnten, wie Emmanuel aufgewachsen war. Ich fand diesen Ort sehr schön und gepflegt. Man führte uns ins Obergeschoss hinauf, wo wir in einem kleinen Saal darauf warteten, dass man uns den Jungen brachte. Während wir warteten, fiel mir ein schönes Gemälde der Jungfrau Maria ins Auge. Ich fiel vor ihr auf die Knie, um ihr für den Segen zu danken, der mir zuteilgeworden war, für das größte Glück, das ich hatte erhoffen können. Und da öffnete sich die Tür, und mein Sohn trat ein.

Er war wunderbar. Er hatte einen eindringlichen Gesichtsausdruck und strahlende Augen. Wir sahen einander schweigend an. Er war sehr groß und körperlich sehr gut entwickelt für ein Kind von noch nicht ganz vier Jahren. Man hatte mir ein Baby entrissen, und nun gab man mir einen Jungen zurück, der laufen und sprechen konnte.

Es fiel mir auf, dass seine Haare offenbar erst vor

Kurzem geschnitten worden waren. Er wirkte entspannt und näherte sich mir ganz ruhig. Ich kniete vor ihm nieder, um auf Augenhöhe mit ihm zu sein. Er legte seine Arme um mich und nannte mich Mama. Dieses Bild sollte wenig später um die Welt gehen.

Jemand brachte einige Gläser und eine Flasche Champagner, damit wir anstoßen konnten. Auch Emmanuel hob sein Glas, in dem Gaseosa war. Meine Brüder hatten ihm ein Bastelspiel mitgebracht, das sie ihm nun übergaben, und Emmanuel begrüßte sie der Reihe nach. Auch die Begegnung mit meiner Mutter war etwas ganz Besonderes. Anscheinend hatte uns der Junge schon im Fernsehen gesehen, als wir in Bogotá aus dem Flugzeug gestiegen waren. Er erkannte seine Mama und seine Oma, sodass er uns ohne zu zögern umarmte, als er uns gegenüberstand. Diese Augenblicke werden wir nie vergessen. Anschließend begleitete ich Emmanuel in ein anderes Zimmer, wo er sein Abendessen erhielt, denn es war bereits siebzehn Uhr. Es freute mich zu sehen, dass er bereits gut allein essen konnte und seine Reissuppe restlos aufaß. Ich erinnere mich sogar, dass es rote Bete gab, die ihm offensichtlich schmeckte. Anschließend ging er allein auf die Toilette und spülte sogar selbst.

Mein Bruder Iván lud uns in seine Wohnung ein, damit sich Emmanuel den Weihnachtsbaum ansehen konnte, den meine Familie für ihn hatte stehen lassen. Zum Essen gab es einen Ajiaco mit Huhn. Nach dem Essen bot mir mein Bruder ein Glas Whisky an, aber ich wollte lieber nichts trinken, da ich sehr müde war. Wir fuhren in ein Hotel, wo ich meine ersten Tage in Freiheit mit meiner Mutter und meinem Sohn verbringen würde, während ich meine Angelegenheiten regelte.

Dies waren außergewöhnliche Tage. Ich erinnere mich insbesondere an die Sonnenaufgänge. In unserem Zimmer fiel das Sonnenlicht am Morgen durch ein riesiges Fenster. Ich genoss es, Emmanuel anzusehen, wenn die ersten Sonnenstrahlen das Gesicht meines schlafenden Kindes beleuchteten. Mein Leben änderte sich rasend schnell, und jeder neue Tag war schöner als der vorangegangene.

Rückkehr in die Normalität

Die Wiederaufnahme des Familienlebens und der alltäglichen Aktivitäten war relativ leicht. Schwergefallen war es mir, mich an das Leben in Gefangenschaft anzupassen – tatsächlich glaube ich, dass ich mich nie daran gewöhnt hatte, in Unfreiheit zu leben. Die Rückkehr in mein früheres Leben fällt mir umso leichter – und wird mir leichtgemacht von meiner Familie und meinen Freunden, die mir große Zuneigung und viel Verständnis entgegenbringen und meinem Sohn und mir Geborgenheit geben.

Selbstverständlich hatte und habe ich immer noch zahlreiche Dinge zu regeln. Um mein Leben in Ordnung zu bringen, listete ich von Anfang an alle Aufgaben in einem Heft auf und legte Prioritäten fest. Ich war schon vor langer Zeit in jenen einsamen Stunden der Gefangenschaft und auf den langen Märschen durch den Dschungel zu der Überzeugung gelangt, dass ich mich in einer möglichst guten körperlichen und geistigen Verfassung halten musste, um mein Leben so wenig traumatisiert wie möglich wieder aufnehmen zu können, sobald ich wieder frei wäre. Ich hatte bereits so viel darüber nachgedacht, wie mein neues Leben in Freiheit aussehen und was ich tun, wo ich leben und wie ich meinen Sohn erziehen würde ... Ich verließ den Dschungel also praktisch mit einem fertigen Lebensplan. Ich hatte alles so genau durchdacht, dass es mir in Rekordzeit gelang, meinen Alltag zu organisieren. Die erste und wichtigste Aufgabe bestand darin, die emotionale Bindung zu meinem Sohn Emmanuel wiederherzustellen, ihm die erforderliche Zeit zu widmen, damit er sich daran gewöhnen konnte, wieder mit mir zusammenzuleben, und ihn in die familiäre Gemeinschaft und den Freundeskreis zu integrieren. Sodann musste der Gesundheitszustand des Kindes regelmäßig überprüft werden, ebenso der meine und der meiner Mutter. Die dritte Priorität bestand darin, mir ein Bild von meiner finanziellen Situation und meinen übrigen Angelegenheiten zu machen, damit ich mein weiteres Leben gestalten konnte. Und ich musste versuchen, auf Distanz zu den Medien zu gehen, um für mich, vor allem aber für Emmanuel, wieder ein normales Leben ohne ständige Störungen aufbauen zu können.

Was die Beziehung zu meinem Sohn anbelangt, die selbstverständlich eine stetige und andauernde Bemühung erfordert, so haben wir große Fortschritte erzielt. Mittlerweile fühlen wir uns sehr wohl miteinander, leben harmonisch zusammen und verstehen uns ausgezeichnet. Anfang 2008 begaben wir uns gemeinsam auf eine Reise, die anderthalb Monate dauerte. Anschließend mussten wir uns auf unsere Gesundheit konzentrieren, und nachdem wir sämtliche ärztlichen Untersuchungen hinter uns gebracht hatten, wussten wir, dass mehrere Eingriffe erforderlich sein würden. Wir mussten alle drei operiert werden. Am dringendsten und schwierigsten war der Eingriff bei meiner Mutter; anschließend war ich an der Reihe, wobei mehrere Operationen am selben Tag durchgeführt wurden: Die Chirurgen mussten die Folgen jenes stümperhaften Kaiserschnitts im Dschungel beseitigen und entfernten mir bei dieser Gelegenheit gleich die Gallenblase. Ich erholte mich nur schleppend von der Operation; die Rehabilitation war langwierig, und ich musste einen Monat lang Bettruhe halten. Doch ich bemühte mich, rasch wieder auf die Beine zu kommen, denn es stand noch der Eingriff aus, mit dem die Beweglichkeit von Emmanuels Arm wiederhergestellt werden sollte, was schneller als erwartet gelang.

Unsere Reise durch die Operationssäle dauerte bis Ende Juni 2008, und gleichzeitig begann ich, mein Haus am Stadtrand von Bogotá einzurichten, um einen angemessenen Wohnort für mich und meinen Sohn zu haben. Emmanuel ging mittlerweile in den Kindergarten, wo er spielte, sang und sich Märchen anhörte. Wir feierten seinen vierten Geburtstag, wobei wir ein Fest für seine neuen Freunde aus dem Kindergarten und ein zweites für die Kinder aus dem Heim veranstalteten, in dem er bis zu meiner Befreiung gelebt hatte. Und wir nahmen an mehreren Dankgottesdiensten in den verschiedenen Klubs teil, denen wir angehörten. Auch in meiner ehemaligen Schule und in meiner Universität fanden Gottesdienste statt.

Für das zweite Halbjahr 2008 suchte ich für meinen Sohn eine Schule, in der er seit September am Vorschulunterricht teilnimmt. Dank einer intensiven Physiotherapie hat er sich gut von seiner Operation erholt.

Die Geschichte meiner Entführung hatte großes Interesse geweckt, und verschiedene Verlage boten mir an, meine Geschichte zu veröffentlichen. In der zweiten Jahreshälfte 2008 machte ich mich nach einem Urlaub in Südspanien endlich an die Arbeit und widmete mich ganz und gar diesem Buch. Ich muss gestehen, dass ich zeitweilig vollkommen blockiert war. Es fiel mir nicht leicht, in jene Zeit zurückzukehren. Ich musste erst Distanz gewinnen, um mich bestimmten Fragen stellen zu können. Doch es war sehr spannend, meine Erfahrungen zu schildern. Das Schreiben gefällt mir seit jeher, und ich hoffe, die Leserinnen und Leser bei einer anderen Gelegenheit mit einer angenehmeren Geschichte überraschen zu können.

Im Lauf des vergangenen Jahres habe ich mich auch an humanitären Initiativen für die Befreiung von Menschen beteiligt, die weiterhin als Geiseln festgehalten werden. Ich habe an Kundgebungen für ihre Freilassung teilgenommen, Gespräche mit verschiedenen Regierungschefs geführt, Foren und Konferenzen besucht und wiederholt im Radio Botschaften vorgelesen, um den Geiseln und ihren Familien Mut zuzusprechen. Selbstverständlich freute ich mich sehr, als die FARC weitere Entführungsopfer freiließen und als die »Operación Jaque« gelang, vor allem weil in dieser Operation neben mehreren Uniformierten und den drei amerikanischen Geiseln auch Ingrid Betancourt gerettet werden konnte. Ich war sehr erleichtert, als ich erfuhr, dass sie unversehrt befreit worden war.

Seit meiner Freilassung habe ich bewegende und bereichernde Augenblicke erlebt, die mir geholfen haben, als Mensch, als Mutter und als Frau zu wachsen. Und das Jahr 2009 habe ich in der Hoffnung begonnen, meinen Bericht mit einer möglichst großen Zahl von Menschen teilen zu können.

Die verlorene Zeit

Wenn ich auf jene sechs Jahre zurückblicke, beschleicht mich ein Gefühl von Melancholie. Es gibt etwas, das unwiederbringlich verloren ist: die Zeit, die mir im Dschungel geraubt wurde – vor allem aber die ersten drei Lebensjahre meines Sohns Emmanuel, die ich nicht mit ihm verbringen konnte. Diese Zeit wäre sehr wichtig für die emotionale Entwicklung meines Sohnes gewesen. Durch die Trennung erlitten wir beide irreparablen Schaden. Und ich verlor fast sechs Jahre, die ich an der Seite meiner Mutter und meiner Familie hätte verbringen und in denen ich mich beruflich und persönlich hätte entfalten können.

Ich leide sehr unter dem Wissen, in der Gefangenschaft sechs ungeheuer wertvolle Jahre meines Lebens eingebüßt zu haben. Als ich entführt wurde, war ich knapp achtunddreißig Jahre alt und stand in den besten Jahren meines Lebens. Ich frage mich immer wieder, wie ich all diese Zeit nachholen kann, vor allem die Jahre, die ich ohne meinen Sohn verbringen musste. Für jemanden, der so lange Zeit in Geiselhaft ertragen muss, sind die Härten der Gefangenschaft nicht das Schlimmste. Am schwersten zu ertragen ist die Gewissheit, dass man eines Teils seines Lebens beraubt wird: Man geht seinen Weg, und plötzlich stürzt man in ein Loch, in dem man mehrere Jahre gefangen bleibt. Das eigene Leben kommt zum Stillstand, es existiert nicht mehr. Es ist unmöglich zu beschreiben, wie schmerzhaft das ist.

Vor einigen Tagen fragte mich Emmanuel: »Mamá, warum hast du mich nicht früher abgeholt? Ich habe dich vermisst.«

Ich antwortete ihm: »Es gab einige Menschen, die mich daran hinderten.«

Doch er setzte mit der für Kinder typischen Hartnäckigkeit nach: »Aber warum taten sie das? Warum? Warum?«

»Da muss man diese Menschen fragen«, sagte ich. »Das Wichtigste ist, dass wir jetzt zusammen sind.«

Das Leiden in der Gefangenschaft hat bei mir und meiner Familie Narben an Körper und Seele hinterlassen. Aber ich wehre mich gegen die Verbitterung. Ich finde mich damit ab, dass mir dieses Schicksal widerfahren ist, und setze mein Leben fort. Weder ich noch meine Familie wollen auf Dauer Opfer sein. Deshalb haben wir uns von Anfang an bemüht und bemühen uns weiterhin, die Freude darüber auszudrücken, dass wir am Leben sind, einander wiedersehen durften und neu geboren wurden.

Auf uns wartet eine gewaltige Aufgabe: Wir müssen versuchen, von dem verlorenen Leben so viel wie möglich nachzuholen.

Verzeihen können

Seit meiner Befreiung habe ich ungezählte Botschaften erhalten, in denen mir Menschen ihre Zuneigung und Solidarität bekunden. Sie schicken mir Briefe, Schallplatten, Bücher, Hefte, Gebete, Bilder und sogar Plakate. Diese Gesten haben mir vor Augen geführt, dass wir von vielen Engeln umgeben sind, die uns mit ihren guten Wünschen begleiten. Um mein normales Leben wieder aufnehmen zu können und all die Veränderungen zu verkraften, musste ich gründlich nachdenken. Dieses Buch zu schreiben, hat mir dabei geholfen, meine Erfahrungen zu verarbeiten. Doch sooft ich auch darüber nachdenke – es gibt Dinge und menschliche Verhaltensweisen, die ich bis heute nicht verstehe. Aber ich habe mich entschlossen, dies in Gottes Hand zu legen. Ich hoffe, der Allmächtige wird mir wie in der Vergangenheit helfen, diese schwere Last zu tragen.

Die Flüche und Segnungen eines Lebens sind zwei Seiten derselben Medaille, und jeder entscheidet selbst, von welcher Seite er das Leben betrachten will. Ich bin davon überzeugt, dass ich jemanden, der mir Leid zufügt, nicht verfluchen, sondern segnen muss.

Um wieder ein erfülltes Leben führen zu können, muss ich denen, die mir so viel Leid zugefügt haben, von ganzem Herzen verzeihen. Und genau das tue ich, denn ich will die schwere Last des Schmerzes nicht weiter mit mir herumschleppen, und noch viel weniger möchte ich sie meinem Sohn Emmanuel und seiner Generation aufladen. Ich denke, das wertvollste Erbe, das ich meinem Sohn hinterlassen kann, ist meine Erfahrung. Er soll wissen, dass seine Mutter trotz der Widrigkeiten, mit denen sie zu kämpfen hatte und die sie mit Gottes Hilfe überwand, eine glückliche Frau ist. Ich denke an die Zukunft meines Sohnes und habe allen Groll aus meinem Herzen verbannt. Ich werde mir nicht den Rest meines Lebens von etwas zunichtemachen lassen, das der Vergangenheit angehört. Ich habe noch viele Jahre vor mir und werde sie mir nicht zerstören lassen. Diese Tragödie liegt hinter mir, und oft denke ich daran zurück wie an eine bloße Anekdote.

Um das Leid zu überwinden, müssen wir alle verzeihen.

Pläne für die Zukunft

Ich nehme die Zukunft mit großer Zuversicht in Angriff. Die Erfahrung der Gefangenschaft hat mich gelehrt, das Leben gelassener zu betrachten und den persönlichen Hindernissen und Schwierigkeiten, auf die ich stoße, keine übermäßige Bedeutung beizumessen. Ich habe das Gefühl, mit der Fertigstellung dieses Buches eine Mission erfüllt und eine Etappe meines Lebens abgeschlossen zu haben. Nun kann ich die nächste in Angriff nehmen.

Es sind noch einige gesundheitliche Probleme zu bewältigen, was Geduld erfordert, etwa die Physiotherapie zur Wiederherstellung des linken Arms und der Hand meines Sohnes. Mir selbst steht noch ein weiterer chirurgischer Eingriff bevor, um den Bandscheibenschaden zu beheben, den ich durch das Tragen der schweren Ausrüstung im Dschungel erlitten habe. Das ist nichts Ernstes, muss jedoch behandelt werden. Beide Probleme sollen im Jahr 2009 gelöst werden.

Ich habe auch neue Pläne, die ich gerade ausgestalte. Ich möchte in der Nähe meines Sohnes bleiben und genieße die Mutterrolle, aber ich möchte meine Zeit auch darüber hinaus konstruktiv nutzen. Ich wurde eingeladen, an verschiedenen internationalen Foren teilzunehmen, um zu erläutern, welche positiven Lehren ich aus meinen Erfahrungen gezogen habe. Ich habe vor, diesen Versammlungen jedes Jahr einige Tage zu widmen. Auch möchte ich weiter über die Themen schreiben, die mich beschäftigen, etwa über die Problematik der Straßenkinder und Fragen wie Lebensmittelsicherheit oder globale Erwärmung.

Ich habe beschlossen, weiterhin mit meiner Familie in meinem geliebten Heimatland zu leben. Kolumbien ist ein Land gewaltiger Gegensätze und wird es auch in absehbarer Zeit bleiben. Doch trotz seiner gravierenden Probleme bietet dieses Land unvergleichliche Möglichkeiten.

Wir stehen vor großen Herausforderungen, doch dieses Land besitzt genug Kraft, Lebenswillen und Jugend, um diese Aufgaben zu bewältigen. Alles andere wird sich mit Gottes Hilfe von selbst ergeben.

Anmerkungen der Autorin und Erläuterungen

1 Im November 1998 hatte Präsident Andrés Pastrana Friedensverhandlungen mit den FARC aufgenommen und die Entmilitarisierung eines etwa 40 000 km^2 großen Gebiets im Süden des Landes angeordnet, das der Kontrolle der Guerilla überlassen wurde. Im Verlauf der Verhandlungen hatte Pastrana sich sogar mit dem Führer der FARC, Manuel Marulanda, getroffen. Doch nachdem die Gespräche mehrfach unter gegenseitigen Schuldzuweisungen der Verhandlungsparteien unterbrochen worden waren, kündigte Pastrana am 20. Februar 2002 den Friedensprozess auf, da er zu der Einschätzung gelangt war, dass die Guerilla kein aufrichtiges Interesse an einer Friedensvereinbarung hatte.

2 Präsident Pastrana sollte San Vicente de Caguán am selben Tag besuchen, um zu demonstrieren, dass die Sicherheitskräfte nach der Aufhebung der entmilitarisierten Zone wieder die Kontrolle über die Stadt übernommen hatten.

3 Gelegentlich frage ich mich, ob es ein Zufall war, dass der Präsident am selben Tag wie wir nach San Vicente reiste. Sein Besuch war erst am Vorabend bestätigt worden. Es wäre wohl allzu gewagt, die

Vermutung zu äußern, dass er sich kurzfristig zu dieser Reise entschloss, weil er von unserem Besuch in San Vicente erfahren hatte. Ich verfüge nicht über ausreichende Informationen, um eine solche Behauptung aufzustellen.

4 Gloria Polanco de Lozada, eine Politikerin aus dem Bezirk Huila, wurde gemeinsam mit zwei ihrer Söhne am 26. Juli 2001 aus ihrer eigenen Wohnung entführt. Orlando Beltrán, ein Kongressabgeordneter aus demselben Bezirk, wurde am 28. August 2001 verschleppt. Die Parlamentsabgeordnete Consuelo González de Perdomo fiel am 10. September 2001 den FARC in die Hände. Und Senator Jorge Eduardo Gechem wurde am 20. Februar 2002 entführt.

5 Der ehemalige Gouverneur von Meta, Alan Jara, wurde am 15. Juli 2001 verschleppt.

6 Am 11. April 2002 entführte die Guerilla zwölf Abgeordnete aus dem Valle del Cauca.

7 Der Gouverneur von Antioquia, Guillermo Gaviria, wurde am 21. April 2002 gemeinsam mit seinem Friedensberater Gilberto Echeverri verschleppt. Mit der Entführung zahlreicher Politiker und anderer prominenter Bürger versuchten die FARC, Druck auf die Regierung auszuüben, damit diese einem humanitären Austausch dieser sogenannten *canjeables* (»Austauschbare«), zu denen nun auch Ingrid und Clara gehörten, gegen inhaftierte Guerilleros zustimmte.

[8] Die Entfernung zwischen Florencia und San Vicente del Caguán beträgt 160 km.

[9] Eine Art Machete, die normalerweise dazu verwendet wird, sich einen Weg durch Gestrüpp zu bahnen.

[10] José Cebas alias *»El Mocho« César* war der Anführer des Frente 15 der FARC, der Ingrid Betancourt und Clara Rojas entführte. Er galt als einer der Vertrauensleute des FARC-Sekretariats.

[11] Die 37-jährige Journalistin Diana Turbay, Tochter des ehemaligen Präsidenten Julio César Turbay, wurde am 25. Januar 1991 von kolumbianischen Drogenhändlern entführt. Nach etwas mehr als viermonatiger Gefangenschaft starb sie bei einem misslungenen Befreiungsversuch durch die Polizei.

[12] Milton de Jesús Toncel Redondo alias *Joaquín Gómez* war Befehlshaber der FARC in der Region Süd, dem sogenannten Bloque Sur.

[13] Pedro Antonio Marín alias *Manuel Marulanda* oder *Tirofijo* war bis zu seinem Tod der unangefochtene Führer der FARC. Er starb am 26. März 2008 im Alter von 78 Jahren offenbar eines natürlichen Todes. Unter der Führung des Bauern- und Landarbeiterführers wurden im Jahr 1964 die »Revolutionären Streitkräfte Kolumbiens« (Fuerzas Armadas Revolucionarias de Colombia, FARC) gegründet. Marulanda nahm an Friedensgesprächen mit einer Reihe von Regierungen teil. Er wurde heftig kritisiert, weil er die Probleme des Landes zu lösen

versuchte, indem er auf Gewalt, Erpressung, Entführungen und Drogenhandel zurückgriff und an einem Konflikt festhielt, der in mehreren Jahrzehnten Tausende Menschen das Leben kostete.

[14] Luis Morantes alias *Jacobo Arenas* war der ideologische Kopf der FARC und zählte zu den Gründern der Organisation. Er starb 1990 an Krebs. Arenas betrachtete sich als einen Nachfolger von Ernesto *Che* Guevara, den er verehrte, und er bemühte sich, die Kämpfer der FARC auf die marxistisch-leninistische Doktrin einzuschwören.

[15] Das Sekretariat ist das siebenköpfige Führungsorgan der FARC. Nach dem Tod Marulandas, der die Guerillabewegung über vierzig Jahre lang geführt hatte, übernahm Guillermo León Sánchez Vargas alias *Alfonso Cano* das militärische Oberkommando. Am 1. März 2008 verlor das Sekretariat ein weiteres wichtiges Mitglied: Luis Edgar Devia Silva alias *Raúl Reyes* starb bei einem Luftangriff der kolumbianischen Armee auf ecuadorianischem Staatsgebiet. Reyes wurde durch Joaquín Gómez ersetzt, der bis dato für den Bloque Sur verantwortlich gewesen war.

[15] Die übrigen Mitglieder des Sekretariats sind Rodrigo Londoño Echeverri alias *Timoleón Jiménez*, Jorge Briceño Suárez alias *»El Mono« Jojoy*, Luciano Marín Arango alias *Iván Márquez*, Wilson Valderrama alias *Mauricio* oder *El Médico* sowie Jorge Torres Victoria alias *Catatumbo*.

16 Die entführten Guillermo Gaviria und Gilberto Echeverri wurden gemeinsam mit mehreren Soldaten von den FARC festgehalten. Als die Armee im Mai 2003 versuchte, sie zu befreien, wurden sie nach Aussage mehrere Überlebender von ihren Bewachern ermordet, die damit einer internen Vorschrift der Guerilla gehorchten. Aufgrund dieser Tragödie wuchs in der Öffentlichkeit und bei den Familien der Verschleppten die Ablehnung gegenüber derartigen militärischen Kommandoaktionen, was die Regierung von Präsident Álvaro Uribe zu einem Strategiewechsel bewegte.

17 Am 2. Mai 2002 starben etwa hundert Zivilisten, die sich vor heftigen Kämpfen zwischen der Guerilla und paramilitärischen Einheiten in eine Kirche geflüchtet hatten, bei einem Bombenangriff der FARC.

18 Eine in Lateinamerika und Spanien sehr bekannte Filmfigur, die von dem mexikanischen Sänger, Komiker und Produzenten Mario Moreno (1911–1993) gespielt wurde.

19 Hely Mejía Mendoza alias *Martín Sombra* trug auch den Beinamen »*El Carcelero*« (»Gefängniswärter«). Er war bei den FARC für die Bewachung der Geiseln verantwortlich und zeichnete sich durch Unnachgiebigkeit und Härte gegenüber seinen Gefangenen aus. Am 26. Februar 2008 ging er der kolumbianischen Polizei ins Netz.

20 Marquetalia ist ein abgelegenes ländliches Gebiet

im gebirgigen Südwesten Kolumbiens. Es ist Teil des Bezirks Tolima. Diese Region gilt als Wiege der FARC, denn dort griff im Jahr 1964 eine Gruppe aufständischer Bauern unter der Führung von Manuel Marulanda zu den Waffen.

21 Die US-Amerikaner Thomas Howes, Keith Stansell und Marc Gonsalves wurden am 13. Februar 2003 von Einheiten der FARC verschleppt. Sie nahmen an einer Drogenbekämpfungsmission teil, als ihr Flugzeug über dem Dschungel abstürzte. Nach Angaben der US-Regierung wurde es von der Guerilla abgeschossen.

22 Wahrscheinlich im Oktober 2003 wurden Ingrid Betancourt und Clara Rojas gemeinsam mit anderen Geiseln, die in den vorangegangenen Wochen herbeigeschafft worden waren, in das von Martín Sombra geleitete Lager verlegt, wo bereits eine Gruppe von Soldaten und Polizisten festgehalten wurde. Die beiden anderen Frauen waren Consuelo González de Perdomo und Gloria Polanco de Lozada.

23 Juan Manuel Santos ordnete als Verteidigungsminister die »Operación Jaque« (»Operation Schach«) an, ein geschicktes Täuschungsmanöver, mit dem es der kolumbianischen Armee am 2. Juli 2008 gelang, Ingrid Betancourt und vierzehn weitere Geiseln (darunter die drei US-Amerikaner) zu befreien, ohne einen einzigen Schuss abgeben zu müssen. Eine Einheit des Militärgeheimdienstes täuschte eine huma-

nitäre Verlegung der Geiseln vor. Die Bewacher der Geiseln, die vom Kommandanten César angeführt wurden, übergaben die Gefangenen widerspruchslos.

[24] Álvaro Uribe wurde im August 2002 zum Präsidenten gewählt und 2006 im Amt bestätigt. Seine Regierung leitete eine Reihe von Maßnahmen ein, die die Demobilisierung der paramilitärischen Gruppen und der FARC erleichtern sollten. Mittlerweile haben mehrere Tausend Kämpfer die Waffen niedergelegt.

[25] Der kolumbianische Journalist Jorge Enrique Botero enthüllte diese Geschichte im April 2006 in einem Buch mit dem Titel *Últimas noticias sobre la guerra* (»Neueste Nachrichten aus dem Krieg«).

[26] Kolumbianische Schauspielerin (geb. 1956), die am Theater, in Kino und Fernsehen Erfolg hatte.

[27] »Die Gräben des Plan Patriota«; der *Plan Patriota* (»Patriotischer Plan«) ist eine ehrgeizige Militäroperation, die im Jahr 2004 von der Regierung Uribe eingeleitet wurde und von den Vereinigten Staaten unterstützt wird. Ziel der Operation »Plan Patriota« ist es, die Infrastruktur der Guerilla zu zerstören, ihre Kommandanten zum Verlassen des Dschungels zu zwingen und eine Militärpräsenz in abgelegenen Regionen aufzubauen, in denen es von den FARC beherrschte Enklaven gibt.

[28] Dieser Polizeioffizier wurde am 12. Juli 1999 verschleppt.

[29] Sieben Jahre nach seiner Entführung starb Julián Guevara am 20. Januar 2006 im Alter von einundvierzig Jahren in Gefangenschaft. Obwohl sich sein Gesundheitszustand zusehends verschlechterte, hatten ihm die FARC nach Aussage mehrerer Mitgefangener die nötige medizinische Versorgung verweigert.

[30] Oberst Luis Mendieta wurde am 1. November 1998 gemeinsam mit sechzig weiteren Polizisten und Armeeangehörigen von den FARC verschleppt. Zum Zeitpunkt der Veröffentlichung dieses Buches war er noch immer in Gefangenschaft.

[31] Eine von Parasiten verursachte und von Mücken übertragene Infektionskrankheit, die vor allem in den Tropen, aber auch im Mittelmeerraum verbreitet ist. Die kutane Leishmaniose befällt im Gegensatz zur viszeralen Leishmaniose, die tödlich verlaufen kann, nur die Haut und verursacht schmerzhafte Geschwüre. Die Behandlung ist langwierig.

[32] Der Ehemann der im Jahr 2001 gemeinsam mit ihren beiden Söhnen entführten Gloria Polanco de Lozada wurde am 3. Dezember 2005 von den FARC ermordet. Er geriet in einen Hinterhalt der Guerilla, als er einen Teil des Lösegeldes bezahlen wollte, das die FARC für seine Söhne verlangt hatten.

[33] Das Ziel dieser »humanitären Vereinbarung« war die Freilassung von etwa sechzig Geiseln – der sogenannten Austauschbaren –, bei denen es sich mehrheitlich um Politiker handelte, gegen inhaftierte

Mitglieder der FARC. Als Voraussetzung für Verhandlungen über eine solche Vereinbarung verlangten die FARC einen Rückzug der Armee und die Einrichtung einer neuen Verhandlungszone, aber Präsident Álvaro Uribe widersetzte sich diesem Vorhaben.

34 Frank Pinchao war neun Jahre lang Gefangener der FARC gewesen, bis ihm am 27. April 2007 die Flucht gelang. Nach seiner Heimkehr schilderte er die Bedingungen, unter denen die Guerilla ihre Geiseln festhielt. Er bestätigte auch das Gerücht, dass Clara Rojas im Jahr 2004 im Dschungel ein Kind zur Welt gebracht hatte, und berichtete, dass es den Namen Emmanuel trage und seit der Geburt unter einer Armverletzung leide. Seine Enthüllung, dass das Kind vor zwei Jahren von der Mutter getrennt worden war, löste in Kolumbien große Empörung aus.

35 Elf der zwölf im Jahr 2002 entführten Abgeordneten aus dem Cauca-Tal starben im Juni 2007 bei einem Feuergefecht in dem FARC-Lager, in dem sie gefangen gehalten worden waren. Die Guerilla behauptete zunächst, die Tragödie sei durch einen Militäreinsatz ausgelöst worden, gestand jedoch bald ein, dass es sich um einen Irrtum ihrerseits gehandelt habe. Später stellte sich heraus, dass die Guerilleros die Geiseln niedergemetzelt hatten. Sigifredo López, der einzige Überlebende, wurde am 5. Februar 2009 befreit und bestätigte diese Version.

36 Rodrigo Granda, der sogenannte »Kanzler« der FARC, wurde in einer undurchsichtigen Aktion von venezolanischen Sicherheitskräften in Caracas verhaftet und zur kolumbianischen Grenze gebracht, wo ihn Polizisten aus dem Nachbarland in Empfang nahmen. Am 4. Juni 2007 wurde er auf Betreiben des französischen Präsidenten Nicolas Sarkozy auf freien Fuß gesetzt. Sarkozy versuchte, zwischen den kolumbianischen Konfliktparteien zu vermitteln, um die Freilassung Ingrid Betancourts zu erreichen, die neben der kolumbianischen auch die französische Staatsbürgerschaft besitzt.

37 Aufgrund der Tatsache, dass die kolumbianische Regierung diese humanitäre Initiative der Senatorin Piedad Córdoba und des Präsidenten Chávez erlaubte, die energische Schritte unternahmen, um unsere Befreiung zu erreichen, erlangte ich schließlich die Freiheit wieder.

38 Ende November 2007 setzte die kolumbianische Regierung die humanitäre Vermittlungsmission der Senatorin Piedad Córdoba und des venezolanischen Präsidenten Hugo Chávez aus, deren Ziel der Austausch inhaftierter Guerilleros gegen Geiseln gewesen war. Diese Maßnahme löste eine diplomatische Krise zwischen den beiden Ländern aus. Als Geste der Wiedergutmachung gegenüber Chávez beschlossen die FARC, ihm Clara Rojas, ihren Sohn und Consuelo González zu übergeben. Chávez koordinierte die Übergabe persönlich.

39 Der ehemalige Gouverneur des zentralkolumbianischen Bezirks Meta, Alan Jara, wurde am 15. Juli 2001 von den FARC verschleppt. In der Gefangenschaft verschlechterte sich sein Gesundheitszustand; er litt unter mehreren Erkrankungen, darunter Malaria. Am 3. Februar 2009 ließen ihn die FARC in einer einseitigen Aktion, bei der Piedad Córdoba vermittelte, zusammen mit mehreren anderen Geiseln frei.

40 Der US-amerikanische Regisseur Oliver Stone reiste am 28. Dezember nach Venezuela, um über die Freilassung von Clara Rojas zu berichten, die dann jedoch verschoben wurde.

41 Am 30. Dezember gaben die FARC bekannt, die Freilassung der drei Geiseln aufgrund der intensiven Kämpfe mit der kolumbianischen Armee in dem Gebiet vorübergehend auszusetzen, woraufhin die Mitglieder der internationalen Kommission, die die Aktion überwachen sollte, in ihre Heimatländer zurückkehrten. Der kolumbianische Präsident Álvaro Uribe bezichtigte die FARC der Lüge und warf ihnen vor, die Operation in Wahrheit zu verzögern, weil sich der Sohn von Clara Rojas nicht mehr in ihrer Hand befinde.

42 Präsident Uribe gab bekannt, dass ein Bauer vor etwa zwei Jahren in der staatlichen Familienfürsorgeeinrichtung ICBF (*Instituto Colombiano de Bienestar Familiar*) ein Kind abgegeben hatte, dessen Beschreibung sich mit derjenigen deckte, die der

Polizist Frank Pinchao nach seiner Flucht aus einem Gefangenenlager der FARC von Claras Sohn gegeben hatte. Pinchao hatte erklärt, der Junge habe seit seiner Geburt eine Armverletzung. Uribe kündigte an, man werde das Kind und die nächsten Angehörigen von Clara Rojas DNA-Proben unterziehen, um festzustellen, ob es sich tatsächlich um Emmanuel handelte.

43 Während der fast drei Jahre, die wir voneinander getrennt waren, erfuhr ich nichts vom Verbleib meines Sohnes, bis Präsident Uribe bekannt gab, dass er sich in der Obhut des ICBF befand. Offenbar hatte die Guerilla Emmanuel am 23. Januar 2005 oder wenige Tage später in die Obhut des Bauern José Crisanto Gómez gegeben, der mit den FARC sympathisierte. Dieser behielt mein Kind ein halbes Jahr bei sich, brachte es am 20. Juli 2005 jedoch in ein Krankenhaus in San José del Guaviare, weil Emmanuel ärztliche Hilfe benötigte. Angesichts seines schlechten Gesundheitszustands beschlossen die Ärzte, Gómez das Kind wegzunehmen und in geeignetere Hände zu geben, damit es angemessen versorgt werden konnte. Gómez sitzt mittlerweile wegen des Verdachts der Entführung im Gefängnis. Ab dem Juli 2005 befand sich mein Sohn in der Obhut des ICBF, wo er bis zum 13. Januar 2008 blieb, als man ihn mir zurückgab.

44 Dank der humanitären Vermittlung des venezolanischen Präsidenten Hugo Chávez übergaben uns

die FARC an einem vereinbarten Ort in Kolumbien einem Team des Internationalen Roten Kreuzes, aber anschließend wurden wir nach Venezuela gebracht, wo wir von Chávez empfangen wurden, der uns unseren Familien übergab, die in Caracas auf uns warteten.

[45] Letzten Endes konnte mein Bruder nicht im Hubschrauber mitfliegen, weil aus Sicherheitsgründen keine Angehörigen an der Geiselübergabe teilnehmen durften.

[46] Ramón Rodríguez Chacín.

[47] Germán Sánchez.

[48] Nicolás Maduro.

Danksagung

Ich schulde all den Menschen, die mit ihren Gebeten und ihrer Unterstützung dazu beigetragen haben, dass ich die Freiheit wiedererlangte, tausendfachen Dank.

Und ich danke den Mitarbeitern von Plon und all denen, die in aller Welt zu diesem Buchprojekt beigetragen haben.